ESS
ESSENZ

stefan neugebauer

HOTEL RESTAURANT
DEIDESHEIMER
HOF

Wenn ein Koch zur Feder greift, seine besten Rezepte aufschreibt und daraus ein Buch entsteht, dann ist das nicht nur eine gut sortierte Sammlung von verschiedenen Gerichten, die im Laufe der Zeit aus unterschiedlichen Erfahrungen und Anregungen entstanden sind. In jedem Kochbuch stecken auch neue Ideen und gleichsam präzise Vorstellungen von geschmacklichen Arrangements, die in ihren vielfältigen möglichen Zusammenstellungen den besonderen Reiz des Kochens ausmachen.

Kochen ist eine permanente Weiterentwicklung des Individuellen und damit eine spannende Herausforderung, es lässt ausreichend Platz für die eigene Kreativität, ist eine gewollte und kontrollierbare Gratwanderung zwischen dem Machbaren und dem scheinbar Unmöglichen. Jede noch so kleine aromatische Variante in einem Gericht garantiert neue Eindrücke, kann den Gaumen in Staunen versetzen und die profane Nahrungsaufnahme zu einem genussvollen Geschmackserlebnis machen. Wer gerne kocht, sei es am professionellen Restaurantherd oder zu Hause, verspürt die Lust, seinem Körper und Geist etwas Gutes zu tun und hat damit seine Lebensqualität im wahrsten Sinne des Wortes selbst in der Hand.

Mit meinem neuen Buch „Essessenz“ möchte ich Sie nicht nur mit verständlichen Rezepten und einfach nachzuvollziehenden Handgriffen auf die Spur des guten Geschmacks führen, Sie zum Ausprobieren der Rezepte animieren und damit Ihre Lebenslust rund um das Erlebnis Kochen bereichern. „Essessenz“ ist auch eine kulinarische Entdeckungsreise in das Ursprüngliche und der Einblick in das Wesentliche einer Produktwelt, die viele aromatische Facetten und geschmackliche Varianten zulässt, wenn man ihr mit Ideen und Fantasie begegnet.

Das Buch gliedert die Rezepte nicht nach der gewohnten Menüreihenfolge, sondern nach den Produkten, die als Basis für jeweils drei Rezeptvarianten dienen. Dieser kulinarische Dreiklang bietet für jedes Können das nachkochbare Rezept und zeigt, welches Geschmackspotenzial auch in vermeintlich einfachen Produkten steckt. Denn kochen ist zu allererst der Anspruch, einfache Dinge gut zu machen und in der Zubereitung den Schlüssel zum bestmöglichen Geschmack zu finden. Der Weg dorthin kann sehr puristisch und einfach sein, aber auch fantasievoll, raffiniert, gewagt und überraschend. Wichtig ist nur, dass die Qualität stimmt. Das gilt für Produkte und Zutaten ebenso wie für die Küchenutensilien, mit denen gekocht wird.

Fissler

Gerade der Anspruch an beste Produktqualität verlangt den scharfen und wichtigen Blick über den berühmten Tellerrand hinaus ins internationale Warenangebot. Denn einzig in der Regionalität, die wie ein verheißungsvoller Werbeslogan über vielen Restaurants schwebt, liegt nicht die Lösung. Mir erscheint die geforderte Regionalität wie die Suche nach dem verlorenen Paradies, eine sehnsüchtige Erinnerung an Heimat und Bodenständigkeit und ein kulinarischer Rückblick in eine vermeintlich heile Natur, in der die Jahreszeiten den Speisenzettel diktierten.

Auf die Annehmlichkeiten eines jederzeit verfügbaren Produktangebots möchte heute trotzdem kaum jemand verzichten, Internationalität gilt auch in der Küche als Beweis für eine aufgeschlossene und tolerante Gesellschaft. Regionale Produkte sind ohne Zweifel für alle ambitionierten Köche ein wichtiger Aspekt, der beim Einkauf berücksichtig werden muss. Regionalität sollte aber nicht verklärt werden, weil sich die Menschen nach Produkten sehnen, die nicht Hunderte oder gar Tausende von Kilometern zurücklegen müssen, bevor sie auf den Tellern landen. Dass im Umkehrschluss nur die Nähe zum Erzeuger, und damit die kurzen Transportwege, uneingeschränkte Frische und Qualität garantieren, ist die halbe Wahrheit. Warenbeschaffung in kürzester Zeit stellt in der schnellen Transportwelt längst kein Problem mehr dar.

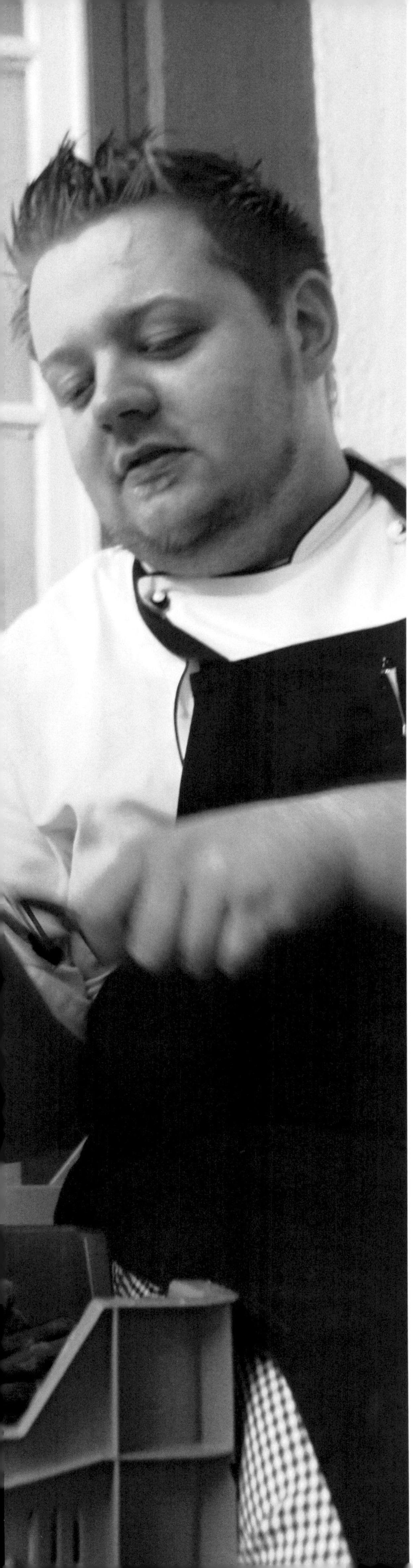

Die Messlatte der Regionalität wird vor allem an uns Köche angelegt, doch der kulinarische Alltag zeigt eine andere Wirklichkeit. Viele Produkte, die der Gast heute gerade im Gourmetrestaurant erwartet und auf die er nicht verzichten möchte, stehen aus der näheren Umgebung entweder gar nicht zur Verfügung oder erfüllen nicht die hohen Qualitätsansprüche, die ein Koch an seine Produkte stellen sollte. Denn die einst funktionierende heimische Produktionswelt, die über Jahrhunderte hinweg beste regionale Erzeugnisse garantierte, wurde auf dem Altar der Lebensmittelindustrie und Discounter geopfert. Spätestens am Supermarktregal verliert sich der regionale Anspruch und die viel zitierte Ökobilanz verschwindet allzu oft hinter dem Preisargument und der Neugier auf die spannende Geschmacksvielfalt der Welt.

Eine durchaus verständliche und nachvollziehbare Realität mit Folgen. Kleine landwirtschaftliche Produzenten und traditionsreiche Familienbetriebe wie Bäcker und Metzger sind nach und nach aus dem Fokus der Verbraucher verschwunden, weil sie mit ihren handwerklich produzierten Erzeugnissen den Preiskampf gegen die einfallsreiche Lebensmittelindustrie nicht gewinnen konnten. Deren Errungenschaften wie Fertiggerichte und Tiefkühlkost haben heute im Markt die Nase vorn, gleichzeitig geht damit wichtiges Wissen rund um die Produkte verloren, die geschmacklich standardisiert und aufwärmbereit angeboten werden. Dagegen ist das Kochen mit frischen Basisprodukten am heimischen Herd in vielen Haushalten zum seltenen Vergnügen geworden.

Natürlich ist es einfach und vor allem bequem, in den prall gefüllten Supermarktregalen das zu finden, was als vermeintlich günstig und gesund angepriesen wird, nicht wirklich gekocht, sondern nur aufgewärmt werden muss und damit Zeit sparen soll. Wichtige Argumente in einer schnelllebigen Zeit, die sich aber bei genauem Hinschauen als geschickte Werbelegende erweisen. In Wahrheit ist auf die Dauer nichts günstiger und gesünder, als das ursprüngliche und frische Produkt im unverarbeiteten Zustand. Und kochen ist weit weniger zeitaufwendig, als gemeinhin angenommen. Einfache Gerichte sind in wenigen Minuten und mit wenigen Handgriffen hinzubekommen und schneller auf dem Teller, als der Lieferservice die lauwarme Pizza im Pappkarton an die Haustür bringen kann. Dazu hat Kochen auch etwas mit Selbstkontrolle zu tun, was an Zutaten und Gewürzen in die Töpfe und Pfannen kommt, entscheidet allein der Koch. Und kochen macht Spaß, ist ein lockerer Lernprozess, der unvermeidlich von Erfahrungswerten lebt, immer entsteht beim Kochen etwas aus eigenem Antrieb, ist Kochen mit eigenen Ideen bereichernd und fordert die Kreativität. Probieren Sie es einfach aus, in diesem Buch finden sie viele Rezepte, die auch den Anfänger auf den kochenden Weg bringen können. Mit Sicherheit finden Sie dabei Ihren eigenen Kochstil.

boco

Meine Küche im Gourmetrestaurant des Deidesheimer Hofs ist weder eindeutig regional noch international, sie ist eine gesunde und durchdachte Mischung aus Produkten, die nur an einem Merkmal gemessen werden können. Und das ist unbedingte Qualität. Die erwarte ich als Koch von meinen Lieferanten und die kann der Gast von meinen Gerichten erwarten, denn sie entscheidet letztendlich über den Geschmack und damit über den Erfolg meiner Arbeit.

Doch der unbestechliche Blick auf Qualität setzt Produktwissen voraus, um nicht zur leeren Worthülse in der bunten Werbewelt der Lebensmittel zu verkommen. Regionalität allein ist kein Qualitätsbegriff, bei der sorgfältigen qualitätsorientierten Auswahl der Produkte kann nicht die Herkunft den Ausschlag geben. Wichtiger sind für mich die Produktionsmethoden, die am Anfang der Kette stehen und damit für die Qualität von elementarer Bedeutung sind: frei laufendes Geflügel statt Hühnerintensivhaltung, artgerechte Haltung statt eingepferchte Industrietiere in engen Ställen ohne Tageslicht, handwerklich produziertes Brot statt Standardaufbackware vom Fließband. Die Aufzählung ließe sich beliebig fortführen.

Wer sich mit authentischer Qualität beschäftigt, muss zurück an die natürliche Basis, fernab von ausgeklügelten Produktionsmethoden, die auf Masse ausgelegt sind und weg von künstlich aromatisierten Fertigprodukten. Die Bezeichnung „Luxusprodukt" kann nicht allein in der Existenz, Herkunft oder dem wirtschaftlichen Wert des Produktes begründet liegen, sondern muss sich an der Qualität der Produktionsmethode messen lassen. Die Renaissance authentischer regionaler und saisonaler Produkte, auch und gerade in der sogenannten Spitzengastronomie, ist ein richtiges und wichtiges Signal um heimische Produzenten anzuspornen, sich diesem Weg anzuschließen und mit artgerechten Methoden und handwerklichen Traditionen beste Qualitäten zu erzeugen.

Dafür muss der Kontakt der Köche mit den Produzenten und Lieferanten intensiviert werden, muss mehr Erfahrungsaustausch stattfinden und die Qualitätsansprüche beider Seiten klar formuliert werden. Wenn das gelingt, wenn Produkte stärker im Focus der Diskussion stehen, wird sich auch die Spreu vom Weizen trennen. Die Rückbesinnung zeigt erste Erfolge, schon seit Jahren gibt es wieder erstklassiges deutsches Schweinefleisch, das auch auf den Speisenkarten der Gourmetgastronomie gesellschaftsfähig wird. Heimisches Gemüse kann gegen Exoten bestehen, ohne als provinzielle Entgleisung zu gelten, und schmackhafte Fische aus deutschen Flüssen und Seen schwimmen in den Pfannen gleichberechtigt neben ihren Artgenossen aus internationalen Gewässern. Das eine schließt das andere nicht aus, bei beidem muss allerdings die Qualität stimmen. Nur dann macht Gastronomie nach meinem Verständnis Sinn, erfülle ich meine Verantwortung als Koch gegenüber den Gästen und kann meine Ideen zu einem geschmackvollen Erlebnis werden lassen. Jetzt wünsche ich ihnen viel Spaß mit „Essessenz", lassen sie sich von den Rezepten inspirieren und zum Kochen animieren und finden sie am eigenen Herd den guten und einzigartigen Geschmack, der sich in jedem Produkt verbirgt.

EI
OVUM

Es ist vielleicht die schönste Form, welche die Natur hervorgebracht hat, und für die Küche ist es ein unverzichtbares Produkt, das als Grundzutat oder Verfeinerung vieler Gerichte dient. Das Ei. Meist ist damit das Hühnerei gemeint, das mit seinen beiden Bestandteilen Eigelb und Eiweiß für das Kochen unverzichtbar ist. Das Trennen von Eiklar und Eidotter, die jeweils zur Hälfte aus Wasser und Proteinen bestehen, gehört demnach auch zu den wichtigsten Küchentechniken und erfordert etwas Erfahrung und Geschick. Glückliche Hühner gibt es leider nur noch wenige, dennoch sollte man darauf achten, möglichst frische Eier zum Kochen und Backen zu verwenden. Ideal lagern die fragilen Eier im Kühlschrank, hier können sie bis zu drei Wochen problemlos aufbewahrt werden.

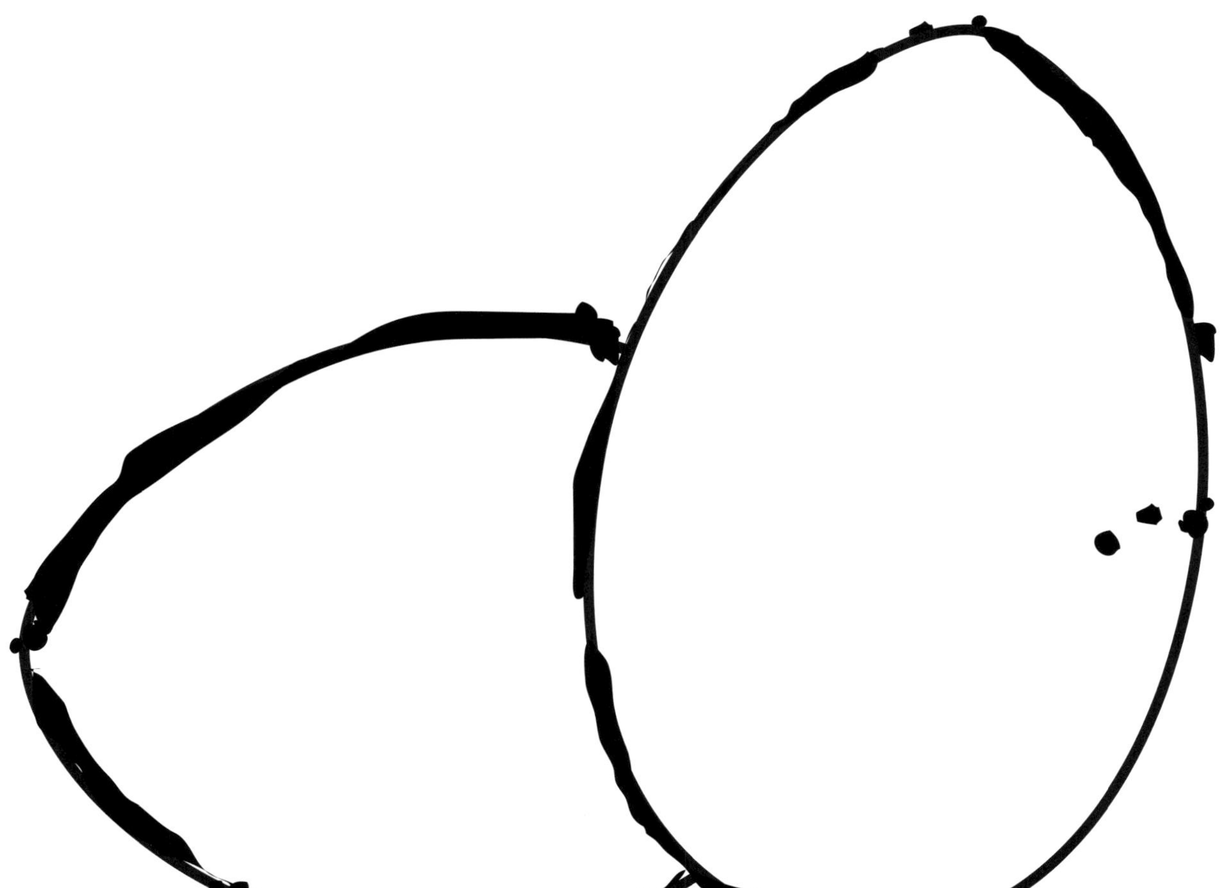

EI

SPIEGELEI WALTERSPIEL | PETERSILIENPÜREE | SENF-WEISSWURST-VINAIGRETTE

PETERSILIENPÜREE

2 Bd. krause Petersilie | 30 ml Maiskeimöl
Muskat, Meersalz, weißer Pfeffer

Reichlich Wasser mit Meersalz aufkochen. Petersilie waschen, von den Stielen zupfen und im Salzwasser blanchieren. Wenn man die Petersilienblätter zwischen den Fingern zerreiben kann, herausnehmen, in Eiswasser abschrecken und gut ausdrücken. Im Mixer mit dem Öl fein pürieren und mit Salz, Pfeffer und Muskat abschmecken.

VINAIGRETTE

1 Weißwurst | 70 ml Maiskeimöl
30 g brauner Zucker | 50 ml Honigessig
100 ml Geflügelfond | 20 ml Zitronensaft
40 g süßer Senf | 20 g scharfer Senf
2 g Piment d'Espelette | 1 Bd. Schnittlauch
300 g Blattsalate

Weißwurst von der Haut befreien, in feine Würfel schneiden, in etwas Öl knusprig anbraten. Für die Vinaigrette Zucker karamellisieren, mit Honigessig, Fond und Zitronensaft ablöschen. Süßen und scharfen Senf, restliches Öl und Piment d'Espelette dazugeben und alles mit dem Stabmixer vermengen. Schnittlauch waschen, fein hacken und kurz vor dem Servieren mit den Weißwurstcroûtons unter die Vinaigrette heben. Mit den vorbereiteten Blattsalaten vermengen.

SPIEGELEI

12 frische Eier | 60 g Butter
1 Knoblauchzehe | 2 Rosmarinzweige
100 ml Geflügelfond | weißer Pfeffer

Die Eier aufschlagen, je 6 Eier in eine Schüssel geben. Zwei beschichtete Pfannen mit Butter erhitzen und jeweils mit Knoblauch ausreiben. Rosmarinzweige kurz darin anbraten, bis die Butter Aroma angenommen hat, leicht pfeffern. Nun je 6 Eier in eine Pfanne gleiten lassen. Bei schwacher Hitze angaren, etwas Fond am Pfannenrand angießen und die Spiegeleier bei sehr schwacher Hitze langsam fertig garen.

ANRICHTEN

grobes Meersalz | glatte Petersilie

Eier aus der Pfanne nehmen und evtl. mit einer Form ausstechen. Petersilienpüree und Salat daneben setzen und das Ei mit grobem Meersalz bestreut servieren. Nach Belieben mit einigen Blättern glatter Petersilie garnieren.

EI

FLORENTINER RAVIOLO | MANDELBLÜTENSCHAUM | PÉRIGORD-TRÜFFEL

NUDELTEIG

300 g Mehl | 300 g Semola (Hartweizengrieß)
6 Eier | 1 Prise Meersalz | 30 ml Olivenöl

Mehl und Semola mischen. Eier aufschlagen, mit Meersalz und Olivenöl mischen und durch ein Sieb zur Mehlmischung geben. Gut durchkneten und in Frischhaltefolie einschlagen. Den Teig mindestens 3 Std. kalt stellen.

SPINATRAVIOLO

300 g Blattspinat | 2 Schalotten
1 Knoblauchzehe | 30 g Butter
20 g Pinienkerne | 6 Eigelb | 1 Ei | Salz

Blattspinat von den Stielen zupfen, Schalotten und Knoblauch schälen und fein würfeln. Butter erhitzen, Pinienkerne, Schalotten und Knoblauch darin anrösten. Spinat dazugeben und kurz anschwitzen. Sofort aus dem Topf nehmen und im Kühlschrank abkühlen lassen, anschließend gut ausdrücken.

Nudelteig halbieren, jeweils dünn ausrollen. Mit einem Esslöffel sechs Spinathäufchen aufsetzen, restlichen Spinat zum Anrichten beiseitestellen. In den Spinat jeweils eine Mulde drücken, je 1 Eigelb darauf platzieren. Das ganze Ei verquirlen und die freien Teigstellen damit einstreichen. Die zweite Nudelbahn auflegen. Mit einer Form sechs Ravioli (ca. 7–8 cm Ø) ausstechen und in Salzwasser etwa 4 Min. garen.

MANDELBLÜTENSCHAUM

200 ml trockener Weißwein | 50 g Zucker
100 g Mandelblüten (direkt vom Baum pflücken)
1 rote Chilischote | 150 g Butter
Zitronensaft, Zucker, Meersalz

Wein und Zucker vermengen. Mandelblüten von den Zweigen zupfen und zum Wein geben, auf etwa 80 °C erhitzen. Chili entkernen, weiße Trennwände entfernen. Zum Wein geben und etwa 15 Min. darin ziehen lassen.

Anschließend den Weinsud durch ein feines Sieb geben. Butter mit dem Stabmixer unterrühren und den Schaum mit Meersalz, Zucker und Zitronensaft abschmecken.

ANRICHTEN

40 g Périgord-Trüffel | restlicher Spinat
12 Mandelblüten

Ravioli auf Teller setzen und mit Mandelblütenschaum benetzen. Mit Spinat, Trüffelstreifen und Mandelblüten anrichten.

EI

SPECKSCHAUM | KAISERGRANAT | TOPINAMBUR

SPECKSCHAUM

12 Speckscheiben | 2 Knoblauchzehen
1 Karotte | 1 Staudenselleriestange
50 ml geklärte Butter | 200 g Speckabschnitte
100 g Knochen vom Parmaschinken
300 ml Geflügelfond | 10 g Lecithin
Meersalz, weißer Pfeffer

Pfanne auf mittlere Temperatur erhitzen. Speckscheiben zwischen zwei Backpapierblätter legen und mit einem Topf beschwert in der Pfanne knusprig ausbacken. Zum Anrichten ganz lassen oder in Rauten zerteilen.

Knoblauch und Karotte schälen, grob zerkleinern. Sellerie waschen, ebenfalls in grobe Stücke schneiden. Butter im Topf erhitzen, Gemüse, Speckabschnitte und Knochen darin anschwitzen, dann den Fond angießen. Aufkochen, die Hitze reduzieren und alles 30 Min. ziehen lassen. Durch ein feines Sieb geben und mit Lecithin verquirlen. Mit Meersalz und Pfeffer abschmecken.

TOPINAMBUR

500 g Topinambur | 1 Lorbeerblatt
8 Wacholderbeeren | 2 Knoblauchzehen
50 ml geklärte Butter | 3 Schalotten
80 g milder roher Speck | 200 ml Maiskeimöl
Meersalz, schwarzer Pfeffer

Reichlich Wasser erhitzen und salzen. Topinambur unter fließendem Wasser sauber bürsten. 400 g der Topinambur mit Lorbeer, Wacholder und geschältem Knoblauch ins kochende Wasser geben, weich kochen, abgießen und in Scheiben schneiden.

Eine beschichtete Pfanne erhitzen, gekochte Topinambur in der Hälfte der Butter goldgelb anbraten. Schalotten schälen und in feinste Würfel schneiden, Speck ebenfalls fein würfeln, beides in etwas Butter anschwitzen und zu den Topinambur geben.

Restliche Topinambur mit der Maschine in etwa 1–2 mm dünne Scheiben schneiden und in Maiskeimöl bei 180 °C knusprig ausbacken. Zum Entfetten auf ein Küchenpapier geben, leicht salzen.

BRATKARTOFFELN

10 g Kümmel | 2 Lorbeerblätter
1 Knoblauchzehe | 35 g Meersalz
1 kg mittelgroße festkochende Kartoffeln
100 g Butter | 5 Wacholderbeeren
10 Pfefferkörner | 1 Majoranzweig
50 g Schweineschmalz | 100 g Tiroler Speck
200 g Zwiebeln | 100 g glatte Petersilie
Salz, Pfeffer

Wasser zum Kochen bringen. Kümmel, Lorbeer, geschälten, leicht zerdrückten Knoblauch und 30 g Meersalz dazugeben. Kartoffeln mit der Schale darin bissfest garen (je nach Größe in 10–14 Min.). Noch warm pellen und in Scheiben schneiden.

Butter zerlassen, hellbraun werden lassen. Wacholder und Pfeffer zerstoßen, mit Majoran, 5 g Meersalz und Schweinschmalz zur Butter geben. Bei sehr schwacher Hitze etwa 30 Min. ziehen lassen, durch ein feines Sieb geben. In einer Edelstahl- oder gusseisernen Pfanne erhitzen, Kartoffeln darin hellbraun anbraten. Geschälte Zwiebeln und Speck fein würfeln, dazugeben und kurz mitbraten.Petersilienblätter fein hacken, kurz vor dem Servieren dazugeben. Mit frisch gemahlenem Pfeffer und Salz abschmecken.

KARTOFFELSALAT

3 Lorbeerblätter | 10 g Kümmel
3 Knoblauchzehen | 30 g Meersalz
1 ½ kg kleine festkochende Kartoffel
100 g Tiroler Speck | 200 g Zwiebeln
20 ml geklärte Butter | 60 ml Rotweinessig
350 ml kräftiger Geflügefond | 2 Salatgurken
60 ml heller Kräuteressig | 40 ml Fond
von Essiggurken | 1 Bd. glatte Petersilie
30 g scharfer Senf

Wasser mit Lorbeer, Kümmel, geschältem und zerdrücktem Knoblauch und Meersalz aufkochen. Kartoffeln ungeschält hineingeben, müssen mit Wasser bedeckt sein. Je nach Größe in 14–20 Min. garen. Kartoffeln abgießen, nicht abschrecken, auf der Arbeitsfläche abkühlen lassen, bis man sie gerade so anfassen kann. Speck und Zwiebeln fein würfeln, in geklärter Butter anbraten. Mit Rotweinessig ablöschen, reduzieren lassen, bis der Essiggeruch nachlässt. Geflügelbrühe dazugeben und kurz aufkochen lassen. Kartoffeln pellen, in Scheiben schneiden, mit dem warmen Fond übergießen. Salatgurken schälen, längs halbieren, Kerne entfernen, diese in ein sauberes Tuch geben, Saft fest auswringen, auffangen und zusammen mit Kräuteressig und Essiggurkenfond zu den Kartoffeln geben. Petersilienblätter fein hacken. 200 g Kartoffelsalat mit Senf fein pürieren. Salatgurken klein schneiden, mit Püree und Petersilie zum Salat geben. Salat gut durchrühren, bis er eine schöne Bindung hat. Mit Salz und frisch gemahlenem Pfeffer abschmecken. Kartoffelsalat niemals im Kühlschrank aufbewahren.

KARTOFFELPÜREE

10 Wacholderbeeren | 10 Pfefferkörner
1 Knoblauchzehe | 2 Lorbeerblätter
1 kg mehligkochende Kartoffeln
150 g Butter | 1 Liebstöckelstängel
250 g Sahne | ⅓ Muskatnuss | Salz

Wacholder, Pfeffer, geschälten Knoblauch und Lorbeer in ein Gewürzsäckchen (oder Teebeutel) geben. Wasser mit dem Säckchen aufkochen, geschälte Kartoffeln hineingeben, sehr weich garen. Butter in einem Topf zerlassen, goldbraun werden lassen. Liebstöckelstängel dazugeben, Sahne angießen, Muskatnuss hineinreiben.

Gegarte Kartoffeln abgießen, im Topf ca. 5 Min. ausdampfen lassen. Durch die Kartoffelpresse geben, die warme Sahnemischung durch ein Sieb hineingießen und mit einem Holzlöffel alles zu einem cremigen Püree verrühren. Mit Salz und evtl. etwas geriebener Muskatnuss abschmecken.

KARTOFFEL

EHRLICH | RIP-EYE-STEAK | BBQ-SAUCE „SN“

BBQ-SAUCE „SN“

100 g brauner Zucker | 150 ml Weißweinessig
150 ml Ananassaft | 50 ml Apfelsaft
50 ml Orangensaft | 1 scharfe Chilischote
150 g geräucherter Bauchspeck | 3 Schalotten
2 Knoblauchzehen | 30 ml geklärte Butter
200 g Tomaten | 200 g getrocknete Tomaten
3 Oreganozweige | 5 Blatt Gelatine oder
5 g Xanthan | 60 ml Sojasauce (3 Jahre alt)

Zucker karamellisieren, mit Essig und den Säften ablöschen. Chili halbieren, entkernen, zum Saft geben. Geräucherten Bauchspeck würfeln, dazugeben und 10 Min. leicht köcheln lassen, vom Herd nehmen und 1 Std. ziehen lassen.

Schalotten und Knoblauch schälen und fein würfeln, in geklärter Butter anschwitzen. Tomaten vierteln, Strunk entfernen, mit den getrockneten Tomaten und abgezupften Oreganoblättchen zu den Schalotten geben. Deckel aufsetzen und bei schwacher Hitze 20 Min. köcheln lassen. Beide Fonds miteinander mischen, aufgelöste Gelatine oder Xanthan dazugeben und alles fein mixen. Durch ein Sieb geben, Sojasauce unterrühren und kalt stellen.

GERÄUCHERTE TOMATEN

15 Kirschtomaten | 30 g Räuchermehl
je 1 rote, gelbe und grüne Paprika
5 Essiggurken | Meersalz, Cayennepfeffer,
Zucker, Essig

Kirschtomaten waschen, halbieren und vom Strunk befreien. Einen großen Topf sehr heiß werden lassen, die Kirschtomaten auf ein Kuchengitter (muss in den Topf passen) setzen.

Räuchermehl in den Topf geben, Kuchengitter mit den Tomaten darübersetzen. Warten, bis sich etwas Rauch bildet, Deckel aufsetzen und im Freien ca. 30 Min. stehen lassen. Einige Tomaten zum Anrichten beiseitelegen, den Rest zur Barbecuesauce geben.

Paprika vierteln, entkernen, schälen. Essiggurken schälen und entkernen. Paprika und Gurke fein würfeln, zur BBQ-Sauce geben. Mit Meersalz, Cayennepfeffer, Zucker und Essig abschmecken.

EHRLICHE KARTOFFEL

5 g Kümmel | 3 Lorbeerblätter
3 Knoblauchzehen | 1 Nelke | 20 g Meersalz
5 Pfefferkörner | 6 große festkochende Kartoffeln (mind. 250 g) | 200 g Butter
5 Majoranzweige | 5 Stängel glatte Petersilie
30 g Gewürzmischung Wiese (siehe Rib-Eye-Steak)

Wasser mit Kümmel, Lorbeer, geschältem Knoblauch, Nelke, Meersalz und Pfeffer aufkochen. Kartoffeln schälen, ins kochende Wasser geben (sollen komplett mit Wasser bedeckt sein), Hitze reduzieren und Kartoffeln je nach Größe in 25–40 Min. weich garen.

Butter zerlassen, leicht bräunen. Majoran- und Petersilienblätter hacken, zur Butter geben. Kartoffeln aus dem Wasser nehmen, so heiß wie möglich pellen. An der Oberseite ca. 3 cm tief einschneiden, leicht auseinander drücken, mit der Butter übergießen und mit der Gewürzmischung Wiese bestreuen.

RIB-EYE-STEAK

6 Rib-Eye-Steaks (à 200 g) | 10 g langer Pfeffer
10 g Sechuan-Pfeffer | 10 g Kubeken-Pfeffer
10 g Malabar-Pfeffer | 2 g getrocknete Lorbeerblätter | 3 g Fenchelsamen | 3 g Senfkörner
3 g Koriandersamen | 3 g Anissamen
250 g feuchtes Meersalz | 60 ml geklärte Butter | 3 Rosmarinzweige | 3 Thymianzweige
3 Knoblauchzehen | 30 g Butter

Backofen auf 55 °C vorheizen. Steaks in hitzebeständige Frischhaltefolie einwickeln, im Ofen 30 Min. temperieren.

Für die Gewürzmischung Wiese alle Gewürze im Mörser fein zerkleinern, Meersalz unterheben, die Mischung im Einmachglas luftdicht lagern. Steaks aus der Folie nehmen, kräftig mit der Gewürzmischung (eignet sich unter anderem auch für Lamm, Kalb usw.) würzen.

Eine Pfanne sehr heiß werden lassen, geklärte Butter hineingeben, die gewürzten Steaks darin etwa 1 Min. gut anbraten, wenden. Kräuterzweige, geschälten Knoblauch und frische Butter dazugeben. Kurz weiterbraten und mit der Butter aus der Pfanne übergießen, sofort auf die Teller geben.

ANRICHTEN

Ganz wichtig ist, dass das Steak sowie die Kartoffeln direkt serviert werden. Die Steaks leicht mit der Barbecuesauce „SN“ nappieren und die geräucherten Tomaten danebensetzen. Evtl. eine Zitronenscheibe anlegen.

Die Steaks schmecken am besten, wenn sie vom Feuer geküsst sind.

KARTOFFEL

RISOTTO | LUMA-RIND | PÉRIGORD-TRÜFFEL

LUMA-RIND IN HEU

750 g Filet vom Luma-Rind | trockenes Heu (aus der Tierhandlung) | 50 g Gewürzmischung Wiese (siehe Seite 45) | 50 ml geklärte Butter

Backofen auf 55 °C Umluft vorheizen. Rinderfilet in drei gleich große Teile schneiden, in Heu einpacken und fest in hitzebeständige Frischhaltefolie einschlagen. Im Ofen ca. 40 Min. temperieren.

Aus der Folie nehmen, Heu entfernen, mit Gewürzmischung würzen. Butter zerlassen und Filets von jeder Seite heiß anbraten.

KARTOFFELRISOTTO

400 g festkochende Kartoffeln
400 g Süßkartoffeln | 50 g Schalotten
1 Knoblauchzehe | 40 ml geklärte Butter
100 ml trockener Riesling | 1 Rosmarinzweig
1 Thymianzweig | 250 ml kräftiger Rinderfond
60 g Crème fraîche

Kartoffeln und Süßkartoffeln schälen, mit der Aufschnittmaschine in 3–4 mm dünne Scheiben, dann in 3–4 mm breite Streifen und schließlich in 3–4 mm große Würfel schneiden. Schalotten und Knoblauch schälen und fein würfeln, mit den feinen Kartoffelwürfeln in geklärter Butter anschwitzen. Mit dem Riesling ablöschen, reduzieren lassen, bis der Alkoholgeruch nachlässt.

Rosmarin und Thymian von den Zweigen zupfen, dazugeben, nach und nach, wie bei einem Risotto, die Brühe angießen, bis die Kartoffeln weich sind. Reduzieren, bis nur noch sehr wenig Fond vorhanden ist. Crème fraîche dazugeben, vom Herd nehmen.

ANRICHTEN

1 Bd. Schnittlauch | 30 g Périgord-Trüffel
Kalbssauce | Meersalz, Pfeffer

Schnittlauch in Röllchen schneiden. Vom Trüffel einige Scheiben abschneiden und beiseitelegen. Den restlichen Trüffel fein hacken, mit dem Schnittlauch zum Kartoffelrisotto geben und unterrühren, bis der Risotto Bindung hat. Mit Meersalz und Pfeffer abschmecken.

Risotto auf Teller geben, Steak aufsetzen, evtl. noch etwas dunkle Kalbssauce herumträufeln. Mit Trüffelscheiben und Schnittlauchstängeln dekorieren.

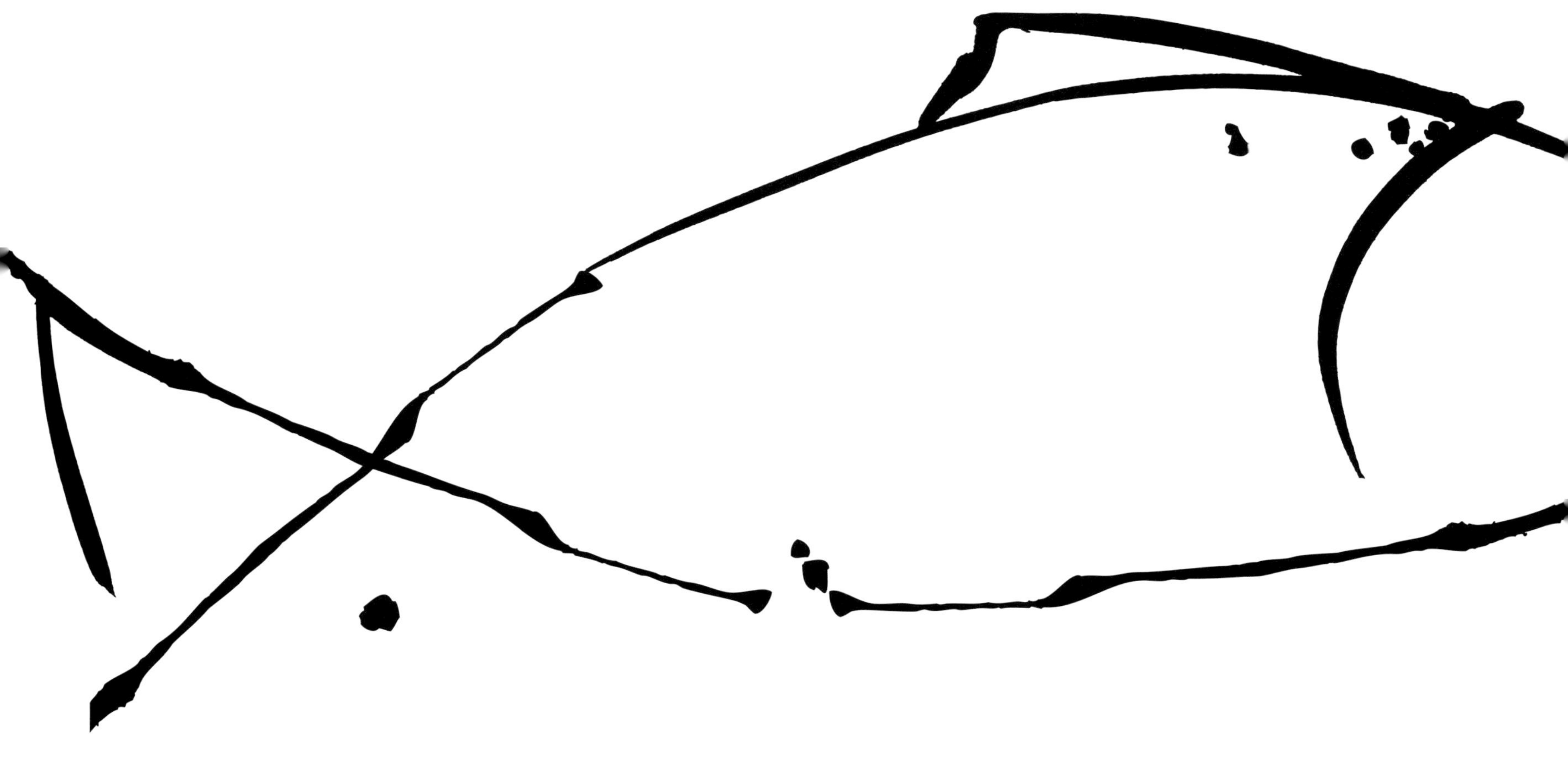

BLUTWURSTPESTO

2 Räucherforellenfilets | 100 g Blutwurst
100 ml Fischgrundsauce (siehe Seite 275)
30 ml geklärte | Butter |40 g Pinienkerne
20 g glatte Petersilie etwas Zitronensaft
Salz, Pfeffer

Räucherforellenfilets und Blutwurst in Würfel schneiden. Fischsauce aufkochen, Forellenabschnitte (vom Würfeln) dazugeben, ca. 30 Min. ziehen lassen, anschließend passieren.

Butter erhitzen, Blutwurst und Pinienkerne anrösten, Forelle und gehackte Petersilie dazugeben. Die Fischgrundsauce angießen, aufkochen und mit Zitronensaft, Salz und Pfeffer abschmecken, sofort servieren.

MEERRETTICHSORBET

8 Äpfel (z. B. Granny Smith) | 100 g frischer Meerrettich | 100 ml Noilly Prat | 100 ml trockener Riesling | 80 g Zucker | 20 ml Apfelkorn

Äpfel vierteln, Kerngehäuse entfernen. Meerrettich mit den Äpfeln im Entsafter zu Saft verarbeiten. Saft und restliche Zutaten vermengen, in der Sorbetière gefrieren lassen.

BLUTWURSTTARTE

1 Blätterteigplatte | 3 süße Äpfel
1 EL Apfelpüree | 20 g Walnusskerne
100 g Blutwurst | 1 Majoranzweig
20 g Puderzucker | 20 g Sahne | 1 Eigelb

Backofen auf 200 °C vorheizen. Aus dem Blätterteig 6 Kreise mit je 8 cm Durchmesser ausstechen. Apfel schälen, vierteln, Kerngehäuse entfernen, in dünne Scheiben schneiden. Apfelpüree auf die Blätterteigscheiben streichen (1 cm Rand lassen). Majoran fein hacken, darüberstreuen. Blutwurst in dünne Scheiben schneiden, Walnüsse hacken.

Äpfel und Wurst rosettenartig auf den Blätterteig legen, mit gehackten Walnüssen bestreuen. Puderzucker durch ein Sieb aufrieseln lassen. Sahne und Eigelb vermengen und den freien Blätterteigrand damit bestreichen. Im Ofen etwa 12 Min. backen.

ANRICHTEN

Schnittlauch

Das Sauerkraut auf den Rösti anrichten, mit Schnittlauch garnieren. Das Sorbet auf der Tarte platzieren und mit den Forellenfilets auf Teller setzen. Mit Blutwurstpesto garnieren.

FORELLE

MISO | DAIKON | BASILIKUM

MISOVINAIGRETTE

120 g Miso (milde Sojapaste) | 30 ml Reisessig
10 ml Zitronensaft | 30 g frisches Basilikum
40 ml Mirin | Meersalz

Alle Zutaten miteinander vermengen, 12 Std. ziehen lassen, passieren, mit dem Stabmixer pürieren und mit Meersalz abschmecken.

DAIKON

600 g Daikon (oder weißer Rettich)
50 g frisches Basilikum

Den Daikon in lange Streifen schneiden, pro Person 7 Kreise ausstechen, in einem Drittel der Vinaigrette mindestens 2 Std. einlegen. Restlichen Daikon und Basilikum in feine Streifen schneiden, mit einem weiteren Drittel der Vinaigrette vermengen.

Die eingelegten Daikonscheiben auf den Teller setzen, den feinen Daikonsalat auflegen. Das letzte Drittel der Vinaigrette zum Anrichten beiseitestellen.

FORELLE AUF MEERSALZ

3 frische Forellen | 4 Eiweiß
1 kg graues Meersalz | 150 ml Fischfond
1 Lorbeerblatt | 5 g Fenchelsamen
1 Knoblauchzehe | etwas Zitronenschale

Backofen auf 200 °C vorheizen. Von den Forellen die Gräten ziehen, gut mit Küchenpapier trocken tupfen, filetieren und jeweils in sechs gleiche Teile schneiden.

Eiweiß steif schlagen, mit Meersalz vermengen, in ein Weckglas oder eine gusseiserne Form mit Deckel geben, im Ofen sehr heiß werden lassen.

Fischfond mit Lorbeer, Fenchel, geschältem Knoblauch und Zitronenschale aufkochen, anschließend passieren. Form aus dem Ofen nehmen, Fisch auf das Meersalz setzen, etwas Fond angießen und sofort mit dem Deckel verschließen. 2 Min. ruhen lassen und gleich in der Form servieren.

ANRICHTEN

6 Holzspieße | frisches Basilikum

Holzspieße bereitlegen. Forelle auf den Daikon setzen und Holzstäbchen leicht in die Forellenhaut einrollen. Die restliche Misovinaigrette um die Forelle verteilen und nach Belieben mit Basilikum dekorieren.

STEIN BUTT

SCOPHTHALMUS MAXIMUS

Wenn von sogenannten Edelfischen die Rede ist, dann gehört der Steinbutt immer mit dazu. Er zählt neben der Seezunge zu den schmackhaftesten Speisefischen. Die Augen dieses Plattfisches liegen beide auf der linken Körperflanke. Seinen Namen hat der Steinbutt von den unverwechselbaren Knochenhöckern, die wie kleine Steine aussehen.
Er lebt vorwiegend an den europäischen Küsten des Atlantischen Ozeans, des Mittelmeeres und der Nord- und Ostsee. International gilt für den Fang der Fische ein Mindestmaß von 30 Zentimetern, in dieser Größe kommt er als „Baby-Steinbutt" in den Handel. Doch das wesentlich schmackhaftere Fleisch haben die größeren Fische; seltene Exemplare, die bis zu 22 Jahre alt werden, können sogar 20 Kilo auf die Waage bringen. In der gehobenen Gastronomie ist der Steinbutt auf jeder Speisekarte zu finden, denn sein weißes Fleisch bleibt relativ lange frisch und hat einen feinen Eigengeschmack.

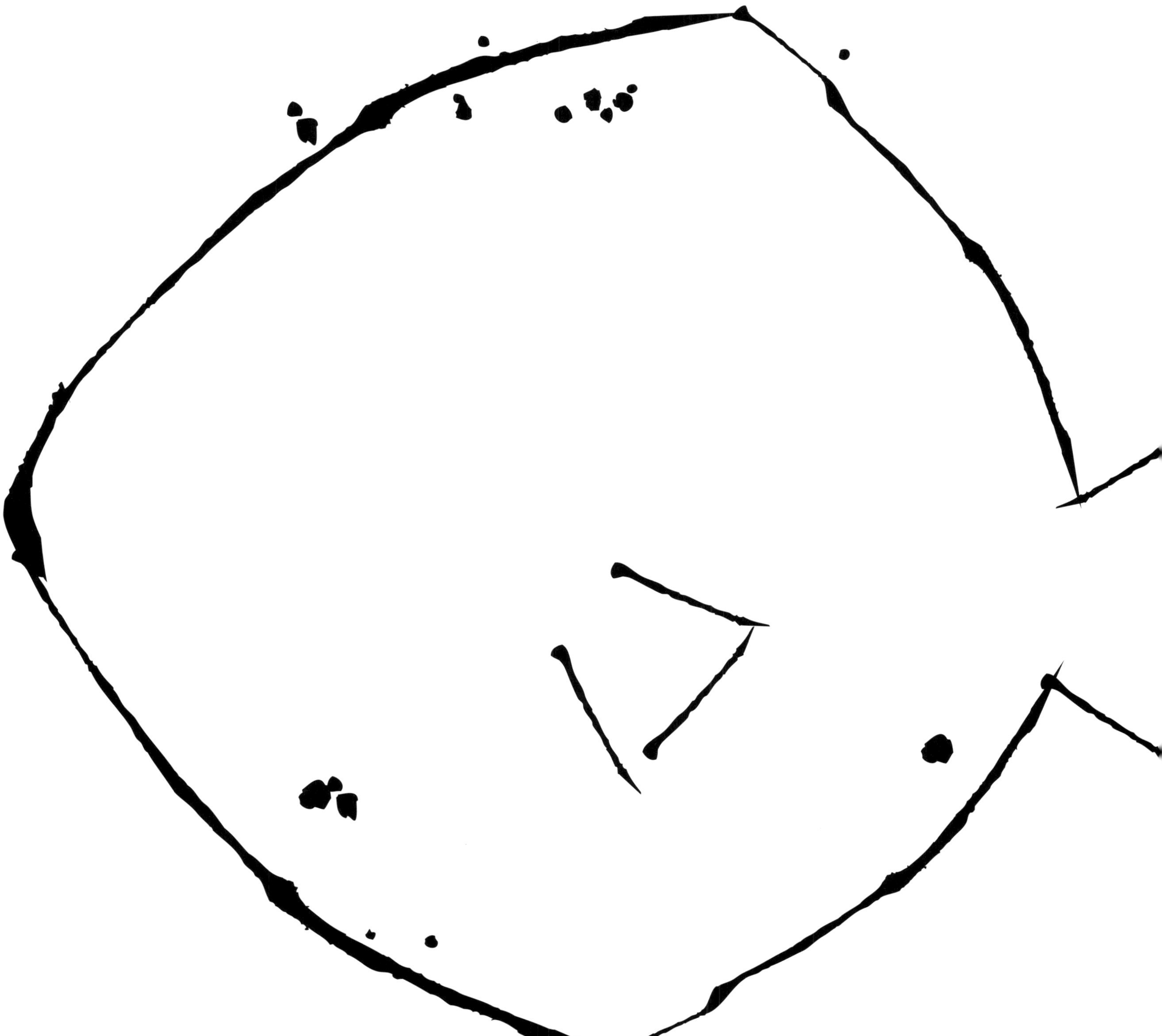

STEINBUTT

STEINBUTT FEUILLANTINE | AUSTERN | HUMMERBUTTER

STEINBUTT FEUILLANTINE

1 Steinbutt (ca. 2 kg) | 150 g Sahne
75 g Eiweiß | abgeriebene Schale von 1 Zitrone
2 Hummer (à ca. 500 g) | 1 Bd. Kerbel
30 g Périgord-Trüffel | Pernod, Salz, Pfeffer

Steinbutt filetieren, ohne die weiße Haut zu verletzen. Die großen Filets beiseitestellen. Die beiden kleinen Filets mit Sahne und Eiweiß zu einer Farce pürieren, durch ein Sieb streichen. Mit Pernod, Salz, Pfeffer und Zitronenschale abschmecken.

Hummer wie auf Seite 31 beschrieben kochen, aus der Schale brechen, Medaillons portionieren und beiseitestellen, den Rest in grobe Würfel schneiden. Kerbel hacken, mit den Hummerwürfeln unter die Farce mengen. Die Schale für die Hummerbutter beiseitelegen.

Die großen Filets zurück in die weiße Fischhaut legen, Hummerfarce daraufstreichen, Trüffel und Hummer in Scheiben wie Schuppen aufsetzen. Steinbutt auf eine ofenfeste Platte geben.

HUMMERBUTTER

Hummerschalen | 100 g Karotten
250 g Butter | 30 g Tomatenmark
2 Thymianzweige | 2 Knoblauchzehen
1 Rosmarinzweig

Hummerschalen fein zerkleinern, Karotten schälen und fein würfeln. Butter zerlassen, Hummerschalen, Karotten, Tomatenmark, Thymian, geschälten Knoblauch und Rosmarin dazugeben.Alles aufkochen, mind. 1 Std. ziehen lassen, dann durch ein sehr feines Sieb geben.

Backofen auf 180 °C vorheizen. Hummerbutter auf dem Steinbutt und rundherum verteilen, Platte in Alufolie einwickeln und alles im Ofen ca. 30 Min. garen.

SAUCE BÉCHAMEL

60 g Butter | 80 g mageres Kalbfleisch
20 g Mehl | 50 g gewürfelte Zwiebeln
1 Thymianzweig | 5 grüne Pfefferkörner, zerdrückt | 5 g Salz | 1 l Milch (mind. 3,5 % Fett) | Cayennepfeffer, Zitronensaft, Salz, Muskatnuss

Butter zerlassen, Kalbfleisch würfeln, mit Zwiebeln, Thymian, Pfeffer und Salz in der Butter anschwitzen. Mehl einrühren, Milch unterrühren, etwa. 1 Std. warm stehen lassen. Sauce passieren, mit Cayennepfeffer, Zitronensaft, Muskat und Salz abschmecken.

AUSTERN

18 Austern (Belon oder Fines de Claire)
Saft von 1 Zitrone

Austern aufbrechen (s. Seite 132), Austernwasser auffangen, durchsieben und mit Zitronensaft vermengen. Austern darin „weiß pochieren“ (bis sie weiß verfärbt sind).

ANRICHTEN

Den Steinbutt aus der Folie nehmen, Austern im Oval auflegen. Die Béchamelsauce separat servieren. Am Tisch tranchieren, evtl. Salzkartoffeln als Beilage servieren.

STEINBUTT

FENCHELPOLLEN | LAKRITZOLIVEN | SCHWARZER KNOBLAUCH

STEINBUTT

6 Steinbuttfilets (à 150 g) | 60 ml Pernod
20 g Fenchelpollen | 20 ml geklärte Butter
180 ml Fischgrundsauce (siehe Seite 275)
Maldonsalz

Steinbutt mit Pernod 3 Std. im Kühlschrank marinieren. Herausnehmen, trocken tupfen, eine Seite in Fenchelpollen legen, leicht andrücken. Backofen auf 180 °C vorheizen.

In Butter von beiden Seiten (Pollenseite zuerst) in der erwärmten Pfanne leicht anbraten.
Im Ofen 3–6 Min. garen (je nach Dicke der Filets), herausnehmen, mit Maldonsalz bestreuen. Pernod (vom Marinieren) mit der Fischgrundsauce aufkochen, beiseitestellen.

LAKRITZOLIVEN

10 g Puderzucker | 5 g Salz | 8 g Lakritzpulver
200 g kräftige Oliven ohne Stein

Backofen auf 80 °C Umluft vorheizen.

Puderzucker, Salz und Lakritzpulver vermengen, Oliven damit bestreuen, im Ofen 2 Std. trocknen lassen.

FENCHELGEMÜSE

3 Fenchelknollen | 1 Knoblauchzehe
1 Schalotte | 20 ml geklärte Butter
10 ml Kräuteressig | 30 ml Pernod
30 g Ahornsirup | Speisestärke | Meersalz

Fenchelgrün abzupfen, fein hacken, Strunk entfernen, Fenchel fein würfeln. Fenchelabschnitte entsaften, Saft beiseitestellen.

Knoblauch und Schalotte schälen, fein würfeln, mit Fenchelwürfeln in der Butter anschwitzen, mit Fenchelsaft und Essig ablöschen und komplett reduzieren lassen. Pernod und Ahornsirup dazugeben, aufkochen und mit Stärke leicht abbinden. Gehacktes Fenchelgrün dazugeben und mit Salz abschmecken.

SCHWARZER KNOBLAUCH

1 schwarze (fermentierte) Knoblauchknolle
30 ml Sojasauce (mind. 5 Jahre alt)
20 ml Erdnussöl | 1 Spritzer Zitronensaft
Meersalz

Knoblauch schälen, Zehen mit Sojasauce und Erdnussöl fein pürieren, mit Zitronensaft und Meersalz abschmecken.

ANRICHTEN

Dill

Den Steinbutt auf das lauwarme Fenchelgemüse setzen, Lakritzoliven und schwarzen Knoblauch platzieren und die Pernod-Fisch-Sauce dazugeben. Nach Belieben mit Dill garnieren.

STEINBUTT

MILCHKALB | MIRINSABAYON | KAROTTENROLLE

KAROTTENROLLE

6 Mini-Karotten mit Grün | 2 große Karotten
10 g Ingwer | 20 ml Orangensaft
30 ml Ahornsirup | 50 ml Mineralwasser mit Kohlensäure | Salz

Mini-Karotten schälen, in Salzwasser knackig blanchieren. Große Karotten schälen, längs in dünne Streifen schneiden, in Salzwasser blanchieren. Ingwer reiben, mit Orangensaft, Ahornsirup und Mineralwasser vermengen, Mini-Karotten und Karottenstreifen noch warm in den Sud geben und ca. 24 Std. einlegen.

MILCHKALBSBÄCKCHEN

1½ kg Milchkalbsbäckchen | 100 g Zwiebeln
100 g Karotten | 50 g Staudensellerie
1 l trockener Roséwein | 30 ml geklärte Butter
30 g Tomatenmark | 1 l Dashi | 80 ml Ketjap Manis | 80 ml Sojasauce | 2 Zimtstangen
3 Sternanis | 2 Stangen langer Pfeffer
1 kleine rote Chilischote | 5 g Koriandersamen
1 Vanilleschote | wenig Speisestärke | Salz, Pfeffer

Milchkalbsbäckchen parieren. Zwiebeln, Karotten, Staudensellerie schälen, grob würfeln, mit Rosé vermengen, Kalbsbäckchen 24 Std. darin einlegen. Fond durch ein Sieb abgießen und beiseitestellen. Bäckchen trocken tupfen, in einem heißen Bräter in der Butter goldbraun anbraten, Gemüse dazugeben, anbraten, Tomatenmark dazugeben, kurz mitbraten. Fond, Dashi, Ketjap Manis und Sojasauce dazugeben. Aufkochen, Schaum abschöpfen. Gewürze und halbierte Vanilleschote dazugeben. Deckel aufsetzen und ca. 1½ Std. bei schwacher Hitze sanft schmoren. Bäckchen herausnehmen, Fond durch ein feines Sieb geben, nicht pürieren! Fond aufkochen, evtl. leicht reduzieren, abbinden und mit Salz und Pfeffer abschmecken.

STEINBUTT

6 Steinbuttfilets (à 100 g) | 40 ml geklärte Butter | 2 Thymianzweige | 1 Rosmarinzweig 30 g Butter | 2 Knoblauchzehen | 30 g Grué de Cacao (rohe Kakaomasse, leicht zerstoßen) Maldonsalz

Backofen auf 180 °C vorheizen. Steinbutt von beiden Seiten in der geklärten Butter anbraten, bis er Farbe angenommen hat. Gehackte Kräuter, Butter und geschälten Knoblauch dazugeben und den Steinbutt im Ofen 3–6 Min. (je nach Dicke) garen.

Aus der Pfanne nehmen, mit Grué de Cacao und Maldonsalz bestreuen.

MIRINSABAYON

100 ml Mirin | 4 Eigelb | Salz, Yuzusaft

Mirin über Wasserdampf erhitzen, Eigelb mit dem Schneebesen einrühren, Masse aufschlagen, bis sie standfest ist. Mit Salz und Yuzusaft abschmecken.

ANRICHTEN

Karottenstreifen und Mini-Karotten in ihrer Marinade erwärmen, Mini-Karotten in Streifen einwickeln. Kalbsbäckchen in kleine Würfel schneiden, im Schmorfond erwärmen, in der Tellermitte aufsetzen, Sabayon herumziehen und Karottenrolle platzieren. Steinbutt zum Schluß aufsetzen.

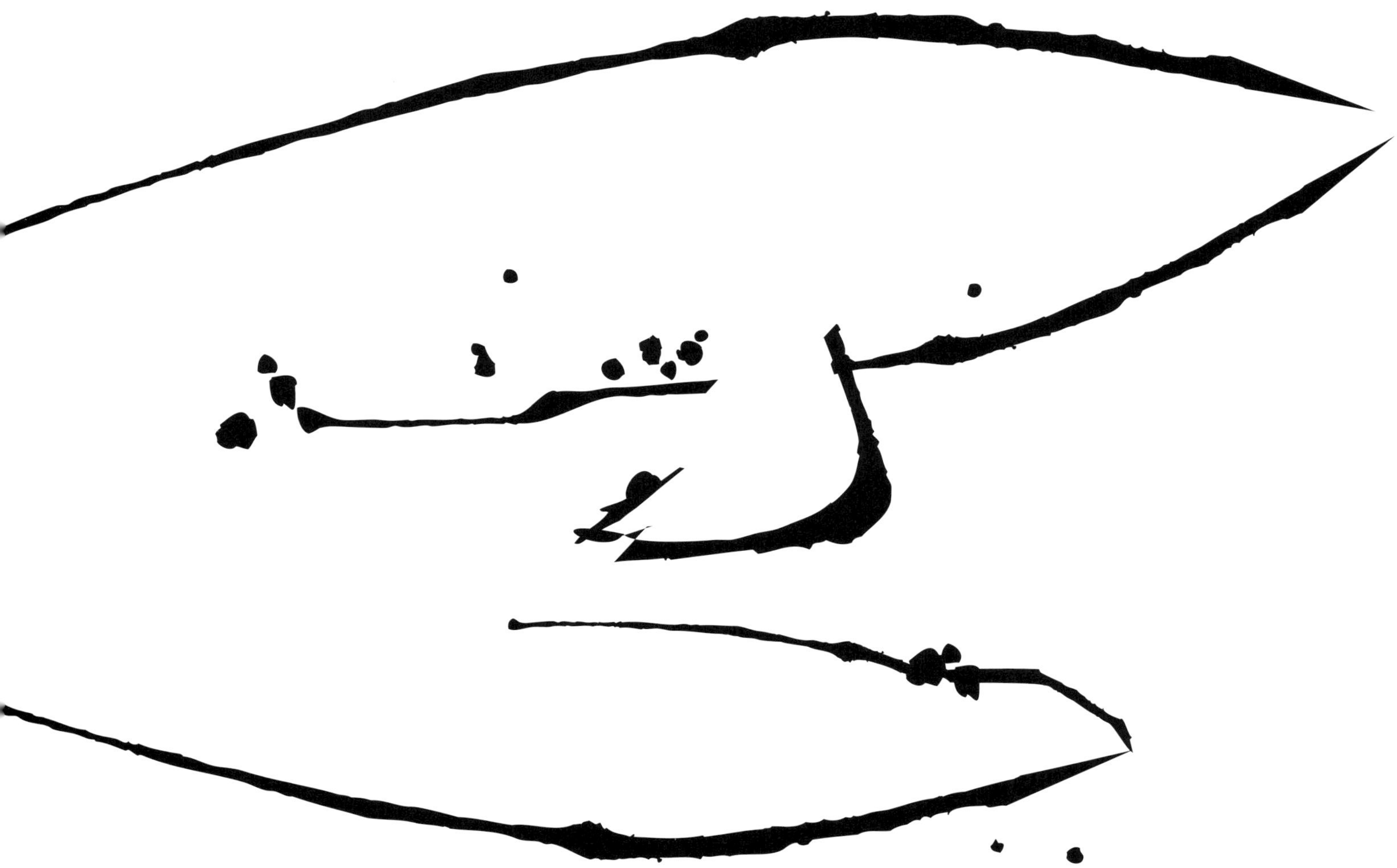

AAL
ANGUILLA

Wer Aal sagt, muss auch Fisch sagen, obwohl er in seiner typischen lang gestreckten Form, die der Aal erst im Laufe seines Lebens entwickelt, eher einer Schlange ähnelt. Aale leben sowohl im Salz- als auch im Süßwasser und gehören wegen ihres unverkennbaren Geschmacks vor allem in den skandinavischen Ländern und an den deutschen Küsten seit ewigen Zeiten auf den Küchenzettel. Der beliebte Speisefisch, der bis zu eineinhalb Meter lang werden kann, zeichnet sich durch sein extrem fettreiches Fleisch aus und eignet sich aufgrund des hohen Fettgehalts besonders zum Räuchern. Aber auch gebraten oder gekocht gilt der Aal als Delikatesse. Wird die Haut vor dem Verzehr sachgerecht entfernt, entledigt man sich eines Großteils an Fett. „Aal in Gelee“ und „Aal grün“ sind Klassiker der Fischküche, die „Hamburger Aalsuppe“, die mit Räucheraal zubereitet wird, eines der bekanntesten Gerichte des Nordens.

AAL

AAL POMPADOUR | VELOUTÉ | VILLEROYSAUCE | PETERSILIE

AAL KOCHEN & PARIEREN

1 großer Aal | 2 Knoblauchzehen
100 g fein geschnittene Zwiebelringe
10 Wacholderbeeren | 10 Pfefferkörner
2 Lorbeerblätter | Meersalz

Aal am Kopf einschneiden, die Haut abziehen, Aal in 4 cm große Stücke schneiden.

Reichlich Wasser (oder Fischfond) auf 80 °C erhitzen, Aal, geschälten Knoblauch, Zwiebel und Gewürze dazugeben, etwa 20 Min. ziehen lassen, bis der Aal am Knochen angewärmt ist. Mit Salz abschmecken.

ZWIEBELPÜREE

300 g Schalotten | 1 Lorbeerblatt
25 g Zucker | 1 Knoblauchzehe | Salz, Pfeffer

Backofen auf 140 °C vorheizen. Schalotten schälen und in feine Streifen schneiden. Sämtliche Zutaten vermengen, in fest verschließbare ofenfeste Form geben und im Ofen 3 Std. garen.

Gewürze entfernen, Zwiebeln pürieren, mit Salz und Pfeffer abschmecken.

VELOUTÉ

70 g Butter | 80 g Mehl | 1 l Kalbsfond

Butter zerlassen, Mehl hineinsieben, hellgelb anrösten. Kalbsfond dazugießen, glatt verrühren und ca. 1½ Std. leicht köcheln lassen, anschließend durch ein feines Sieb passieren.

VILLEROYSAUCE

5 Champignons | 50 g Schinken
600 ml Geflügelfond | 500 ml Velouté
3 Eigelb | 20 ml Champignonsud (siehe unten)
1 Msp. zerstoßener Pfeffer | 100 g Butter
1 Prise Muskatnuss | 5 ml Zitronensaft
20 ml Trüffelfond

Champignonscheiben ohne Fett anbraten, im Tuch ausdrücken, 20 ml Saft auffangen. Schinken grob würfeln mit 100 ml Geflügelfond aufkochen, auf ca. 20 ml reduzieren, dann die restlichen Zutaten und den Champignonsaft dazugeben und unter Rühren aufkochen. Hitze reduzieren und die Flüssigkeit stark eindicken lassen. Durch ein feines Sieb streichen, mit Muskat, Zitronensaft und Trüffelfond abschmecken, kalt stellen.

PETERSILIE FRITTIEREN

100 g krause Petersilie | Maiskeimöl zum Ausbacken | feines Salz

Petersilie waschen, sorgfältig trocken tupfen, damit das Öl nicht spritzt. Öl auf 200 °C erhitzen, Petersilie darin kurz (3–5 Sek.) backen, herausnehmen, auf Küchenpapier abtropfen lassen. Mit Salz würzen.

AAL PANIEREN

gekochte Aalstücke | Villeroysauce | 4 Eigelb 250 g Weißbrotbrösel | Maiskeimöl zum Ausbacken

Aalstücke zunächst durch Villeroysauce ziehen, dann im verquirlten Eigelb wenden und zum Schluss in Weißbrotbröseln wenden. Öl auf 180 °C erhitzen, Aal darin ausbacken, auf Küchenpapier abtropfen lassen.

ANRICHTEN

4 fertig gegarte Salzkartoffeln | Zwiebelringe zum Servieren

Ausgebackene Aalstücke mit Petersilie und Zwiebelpüree anrichten. Dazu Salzkartoffeln und die restliche Villeroysauce reichen. Nach Belieben mit krauser Petersilie und Zwiebelringen garnieren.

AAL

TÖRTCHEN | PUMPERNICKELSAUCE | HUMMERRÜHREI

AALTÖRTCHEN

1 Schalotte | 10 g Butter | 250 g geräucherter Aal | 30 ml trockener Riesling | 30 ml Noilly Prat | 180 g Sahne | 150 g Zanderfilet
50 g Eiweiß | 1 Dillzweig | 1 Salatgurke
Butter | Salz, Pfeffer, Zitronensaft

Schalotte schälen, fein schneiden, in Butter glasig anschwitzen. Aal von Gräten und Haut befreien. Gräten und Haut zur Schalotte geben, mit Riesling und Noilly Prat ablöschen, reduzieren. Sahne dazugeben, 30 Min. ziehen lassen, vom Herd nehmen, im Kühlschrank abkühlen lassen. Zanderfilet fein würfeln, mit Eiweiß pürieren. Sahnemischung durch ein Sieb gießen, nach und nach zum Zanderpüree geben, dabei weitermixen, bis eine cremige Masse entstanden ist. Diese durch ein feines Sieb streichen.

Aus dem Aal sechs Rauten schneiden, beiseitestellen, Rest in feine Würfel schneiden. Dill fein hacken, mit Aalwürfeln zur Zanderfarce geben, mit Salz, Pfeffer und Zitronensaft abschmecken. Salatgurke längs halbieren, Kerne entfernen, Gurke längs in Streifen schneiden, gebutterte Metallringe damit auslegen. Aalmasse einfüllen und über 80 °C heißem Dampf ca. 8 Minuten garen.

AMALFI-ZITRONEN

250 g Zucker | 15 Amalfi-Zitronen
3 Sternanis | 10 Pfefferkörner
5 Wacholderbeeren | 2 Lorbeerblätter

Läuterzucker herstellen. Dazu Zucker mit 250 ml Wasser aufkochen lassen, rühren, bis der Zucker gelöst ist, dann abkühlen lassen. Schalen von den Zitronen dünn abschälen. Saft auspressen und 1:1 mit Läuterzucker vermengen.

Gewürze in ein Säckchen geben, mit der Zitronen-Läuterzucker-Mischung aufkochen, Zitronenschalen dazugeben, erneut aufkochen und im Einmachglas konservieren. Bei 5 °C mindestens 4 Wochen haltbar.

ROTE-BETE-PÜREE

500 g Rote Bete | 500 g Meersalz
100 g Butter | Salz, Pfeffer, Himbeeressig

Backofen auf 150 °C vorheizen, Meersalz auf ein Backblech streuen, Rote Bete daraufsetzen und im Ofen ca. 1 Std. weich garen.

Rote Bete abkühlen lassen, schälen. Zum Anrichten einige dünne Scheiben abschneiden, den Rest mit Butter fein pürieren und mit Salz, Pfeffer und Himbeeressig abschmecken.

YUZU-KARTOFFELNOCKEN

300 g mehligkochende Kartoffeln | 5 Eigelb
50 g Kartoffelstärke | 80 g feiner Grieß
40 ml Yuzusaft | abgeriebene Schale von 2 Limetten | brauner Zucker, Meersalz, Pfeffer, Kümmel

Kartoffeln ungeschält mit Kümmel und Meersalz in reichlich Wasser weich kochen, schälen und noch warm durch Kartoffelpresse drücken. Eigelb, Kartoffelstärke, Grieß, Yuzusaft und Limettenschale dazugeben und vermengen. Mit braunem Zucker, Salz und Pfeffer abschmecken. Die Masse zu kleinen Nocken formen und in Salzwasser kochen.

ANRICHTEN

20 g frischer Meerrettich | Yuzusaft
Butter zum Erhitzen | Dill

Meerrettich schälen, fein reiben, eine Spur auf den Teller setzen. Yuzunocken und beiseitegestellte Aalrauten im Yuzu-Butter-Fond erwärmen, dann beides aufsetzen. Rote-Bete-Püree warm mittig auf die Gelee-Rechtecke geben, diese einrollen, ebenfalls aufsetzen.
Die lauwarmen Blutwurst-Aal-Pralinen ansetzen. Mit dem restlichen Rote-Bete-Püree und Dill garnieren.

GÄNSE STOPF LEBER

FOIE GRAS

Es ist in Deutschland aufgrund seiner Herstellungsmethode ein umstrittenes und heiß diskutiertes Produkt, doch für die meisten Gourmets immer wieder ein besonderes Geschmackserlebnis. Man mag das Stopfen von Enten und Gänsen durchaus mit kritischen Blicken betrachten, doch gemessen an der weltweiten Massentierhaltung unter industriellen und unnatürlichen Ernährungsbedingungen, die ausschließlich der billigen Lebensmittelerzeugung dienen, nimmt die Produktion von Gänsestopfleber einen verschwindend geringen Anteil ein. Gänsestopfleber gibt es seit der Römerzeit, heute ist Frankreich, das die Foie gras im Jahre 2005 zum nationalen und gastronomischen Kulturerbe erklärt hat, unbestrittener Weltmarktführer der nachgefragten Spezialität. Gebraten oder als Pastete – der feine Geschmack und die zarte Konsistenz der Stopfleber bieten vielfältige aromatische Kombinationsmöglichkeiten, die sich zu einer nach wie vor auch in Deutschland gefragten Delikatesse zusammenfügen.

GÄNSELEBER

TERRINE | SAUTERNES-GELEE | BRIOCHE

TERRINE

1,2 kg Gänsestopfleber (nicht vakuumiert)
80 ml Madeira | 200 ml weißer Portwein
180 ml roter Portwein | 7 g Meersalz
3 g Pökelsalz | 40 ml Cognac
80 ml Sauternes | 4 g Quatre-épices
schwarzer Pfeffer

Leber von der Haut befreien, dazu Oberfläche mit dem Messerrücken leicht abschaben. Leber in Stücke zupfen, größere Adern entfernen, Leber in kleinere Stücke zerteilen, kleinere Adern ebenfalls entfernen. Grünliche Stellen entfernen, der dort vorhandene Gallensaft macht die Leber bitter.

Madeira und Portweine erhitzen, auf etwa 100 ml reduzieren. Abkühlen lassen und mit Meersalz und restlichen Zutaten zur Leber geben. Alles mit der Hand vermengen, bis die Masse eine cremige Bindung bekommt. Mit Salz und Pfeffer abschmecken.

Eine Form mit Frischhaltefolie auslegen, die Masse fest hineindrücken, etwa 24 Std. im Kühlschrank ruhen lassen. Die Terrine ist im Kühlschrank mindestens 4 Tage haltbar. Um die Haltbarkeit zu verlängern, kann man die Gänseleber pochieren. Dafür die Form statt mit Folie mit grünem Speck auslegen, Leber in der Form mit Speck bedecken und im vorgeheizten Ofen bei 60 °C etwa 60 Min. garen. 24 Std. kalt stellen.

SAUTERNES-GELEE

6 Blatt Gelatine | 100 ml Apfelsaft
300 ml Sauternes (edelsüßer Weißwein)
Meersalz

Gelatine in kaltem Wasser einweichen. Apfelsaft mit 100 ml Sauternes aufkochen, reduzieren lassen, bis der Alkoholgeruch nachlässt. Gelatine ausdrücken und in der heißen Reduktion auflösen. Leicht abkühlen lassen und mit dem restlichen Sauternes mischen.

Mit Meersalz abschmecken, in eine große Schüssel füllen und etwa 2 Std. kalt stellen. Gelee in zwei Durchgängen durch eine feine Kartoffelpresse drücken, anschließend in einen Spritzbeutel füllen.

BRIOCHE

125 ml Milch | 40 g Zucker | 500 g Mehl
8 Eigelb | 2 Eier | 21 g frische Hefe (½ Würfel)
300 g weiche Butter | 5 g Salz | Butter und Mehl für die Form | Eigelb-Sahne-Mischung (im Verhältnis 1:1) zum Bestreichen

Milch und Zucker erwärmen. Mehl in eine Schüssel geben, eine Mulde hineindrücken und Eigelbe, Eier und handwarme Milch-Zucker-Mischung in die Mulde geben. Hefe hineinbröseln und alles etwa 30 Min. bei Raumtemperatur gehen lassen.

Butter leicht schaumig schlagen und zusammen mit dem Salz zum Vorteig geben. Alles zu einem geschmeidigen Teig verkneten. Kastenform dick mit Butter einstreichen und mit Mehl bestäuben.

Hefeteig einfüllen, längs einschneiden und etwa 60 Min. zugedeckt gehen lassen. Backofen auf 160 °C vorheizen. Brioche mit Eigelb-Sahne-Mischung einstreichen und im Ofen etwa 40 Min. backen. Nach 20 Min. nochmals mit der Eimischung bestreichen.

ANRICHTEN

glatte Petersilie | Meersalz, schwarzer Pfeffer

Die Gänsestopfleberterrine in Scheiben schneiden, auf Teller legen und das Sauternes-Gelee um die Terrinenscheibe dressieren. Die Brioche warm aufschneiden. Evtl. noch frisch gemahlenen Pfeffer und Meersalz auf die Terrine geben und nach Belieben mit einigen Blättern glatter Petersilie garnieren.

GÄNSELEBER

ECLAIR | TRÜFFELSAHNE | MACADAMIANÜSSE | RAUCHÖL

RAUCHÖL

200 g Zigarrenholz | 100 ml Maiskeimöl
180 g marinierte Gänsestopfleber (siehe Seite 96, 1. Teilschritt Terrine)

Zigarrenholz im ofenfesten Einmachglas verbrennen. Maiskeimöl dazugeben und im Wasserbad auf etwa 70 °C erhitzen. Mindestens 1 Woche bei Raumtemperatur ziehen lassen, anschließend das Öl durch ein sehr feines Tuch passieren

TRÜFFELSAHNE

20 ml Ahornsirup | 20 g gehobelter Périgord-Trüffel | 2 Blatt Gelatine | 200 g Sahne

Ahornsirup mit den Trüffelspänen erhitzen. Gelatine in Wasser einweichen, tropfnass zum Sirup geben und die Gelatine darin unter Rühren auflösen. Die Sahne steif schlagen. Den Trüffelahornsirup etwas abgekühlt unter die Sahne heben. Etwa 60 Min. kalt stellen, anschließend mit dem Schneebesen glatt rühren und in einen Spritzbeutel füllen.

ECLAIR

125 ml Milch | 60 g Butter | Saft von je ½ Orange und Zitrone | 20 g Zucker
2 Prisen Salz | 1 Prise Quatre-épices
100 g Mehl | 3 Eier

Milch, Butter, Orangensaft, Zitronensaft, Zucker, Salz und Quatre-épices in einen Topf geben und unter Rühren zum Kochen bringen. Mehl auf einmal dazugeben und unter Rühren einarbeiten. Weitere 5 Min. auf dem Herd unter Rühren einbrennen.

Backofen auf 190 °C vorheizen. Die komplette Masse in eine Schüssel geben und abkühlen lassen. Eier nach und nach einarbeiten, bis ein homogener, elastischer Teig entstanden ist. Masse in einen Spritzbeutel füllen und längliche Eclairs auf ein mit Backpapier ausgelegtes Backblech spritzen. Im Ofen 35 Min. backen. Die Eclairs müssen goldgelb und deutlich aufgegangen sein, bevor der Ofen geöffnet wird, sonst besteht die Gefahr, dass sie in sich zusammenfallen.

GÄNSELEBERMOUSSE

50 ml weißer Portwein | 50 ml roter Portwein
50 ml Madeira | 200 g Sahne | 1 Blatt Gelatine
200 g marinierte Gänsestopfleber (siehe Seite 96, 1. Teilschritt Terrine) | 1 Prise Quatre-épices | Maldonsalz, schwarzer Pfeffer

Portwein und Madeira erhitzen, auf 50 ml einkochen lassen. Sahne steif schlagen, Gelatine in Wasser einweichen. Gänsestopfleber mit der Reduktion im Wasserbad erhitzen, etwas Quatre-épices dazugeben. Gelatine ausdrücken, dazugeben und alles mit einem Stabmixer gut mischen, anschließend vom Wasserbad nehmen. In Eiswasser unter Rühren abkühlen, bis die Masse kalt ist und spürbar zu binden beginnt. Nach und nach die Sahne unterheben, zum Schluss mit Maldonsalz und Pfeffer abschmecken, abschließend 1 Std. durchkühlen lassen.

MACADAMIANÜSSE

100 g Macadamianüsse | 30 g Puderzucker
10 g Meersalz | 140 ml Ahornsirup
schwarzes Salz

Macadamianüsse fein hacken, mit Puderzucker und Meersalz mischen, in einen Topf geben und bei mittlerer Hitze leicht karamellisieren lassen. Ahornsirup aufkochen und etwa 4 Min. leicht köcheln lassen. Anschließend die Eclairs damit bestreichen und Macadamianüsse und schwarzes Salz aufstreuen.

ANRICHTEN

Läuterzucker (siehe Seite 86, 1. Teilschritt Amalfi-Zitronen) | Grué de Cacao
Trüffelstreifen | Macadamianüsse

Läuterzucker erhitzen, Grué de Cacao unterrühren. Eclairs längs halbieren, auf beide Seiten etwas Gänselebermousse dressieren, Gänsestopfleberquader auf die Unterseite setzen, Trüffelsahne aufspritzen und den oberen Teil des Eclairs auflegen. Etwas Rauchöl und Kakaosirup auf die Teller träufeln und mit Trüffelstreifen sowie mit ganzen und gehackten Macadamianüssen anrichten.

GÄNSELEBER

RONDELLE | DATTELN | MOKKABAISER | PORTWEINGELEE

PORTWEINGELEE

400 ml roter Portwein | 200 ml Rotwein
8 Pfefferkörner | 2 Lorbeerblätter
6 Wacholderbeeren | 2 Pimentkörner
4 Blatt Gelatine | Meersalz

Port- und Rotwein mit den Gewürzen aufkochen und auf 300 ml reduzieren. Gelatine einweichen, dann ausdrücken und zum Fond geben, unter Rühren auflösen (nicht mehr kochen), mit Salz abschmecken.

Kleines Blech mit etwas Wasser befeuchten und mit Frischhaltefolie faltenfrei auslegen. Gelee durch ein Sieb auf dem Blech verteilen und etwa 2 Std. kalt stellen. Anschließend sechs Kreise ausstechen (Ø ca. 4–5 cm).

CRÈME-FRAÎCHE-GELEE

2 Blatt Gelatine | 200 g Crème fraîche
Meersalz | abgeriebene Schale von 1 Zitrone

Gelatine in Wasser einweichen. 50 g Crème fraîche leicht erhitzen, Gelatine ausdrücken, dazugeben und unter Rühren auflösen. Restliche Crème fraîche dazugeben, unterrühren und mit Meersalz und Zitronenschale abschmecken. Kleines Blech mit etwas Wasser befeuchten und mit Frischhaltefolie faltenfrei auslegen. Gelee etwa 3 mm dick eingießen, 2 Std. kalt stellen, anschließen sechs Kreise ausstechen (Ø ca. 4–5 cm, wie Portweingelee).

GÄNSESTOPFLEBER

350 g marinierte Gänsestopfleber (siehe Seite 96, 1. Teilschritt Terrine)

Gänsestopfleber bei Raumtemperatur temperieren. Blech mit Wasser befeuchten, mit Frischhaltefolie auslegen. Stopfleber 2,5 cm hoch einstreichen und etwa 1 Std. kalt stellen.
Aus der festen Masse sechs Kreise ausstechen (Ø ca. 4–5 cm, wie Portweingelee).

MOKKABAISER

200 g Eiweiß | 50 g brauner Zucker
2 TL Instantkaffee- oder Instantmokkapulver
50 ml Cognac | Salz, Pfeffer

Backofen auf 180 °C vorheizen. Eiweiß und Zucker steif schlagen. Kaffeepulver in Cognac lösen, mit Salz und Pfeffer abschmecken. Nach und nach unter das Eiweiß rühren. Masse etwa 3 mm hoch auf eine Silikonbackmatte streichen, auf ein Blech setzen und in den Ofen schieben. Temperatur sofort auf 50–60 °C reduzieren. Die Masse in etwa 40 Min. trocknen. Sechs Kreise ausstechen (Ø ca. 4–5 cm, wie Portweingelee).

HONIG-JOGHURT-SAUCE

30 g brauner Zucker | ½ Zimtstange
5 Pfefferkörner | 3 Pimentkörner
80 g Blütenhonig (z. B. Lavendel)
230 g Joghurt | Meersalz

Zucker im Topf karamellisieren lassen. Zimt, Pfeffer und Piment dazugeben, mit etwa 150 ml Wasser ablöschen, aufkochen und auf die Hälfte einkochen lassen. Durch ein feines Sieb geben und abkühlen lassen. Zuckerfond mit Honig und Joghurt vermengen und mit Meersalz abschmecken.

DATTELN

100 ml Orangensaft | ½ Zimtstange
200 g saftige Datteln | 30 g Grué de Cacao

Orangensaft und Zimt aufkochen und dickflüssig einköcheln lassen, Zimtstange entfernen. Datteln schälen, Steine entfernen, Datteln grob hacken und mit dem Orangensaft vermengen. Grué de Cacao unterrühren. Etwas von der Masse zum Anrichten beiseitestellen, Rest in sechs Metallringe etwa 5 mm hoch einpressen.

SALZIGER BISKUIT

50 g Kartoffelstärke | 20 g Meersalz
160 g Eigelb | 50 ml Olivenöl
240 g Eiweiß | 50 g Zucker | 200 g Mehl

Kartoffelstärke mit 50 ml Wasser verrühren. 250 ml Wasser mit dem Meersalz aufkochen, Stärkemischung einrühren, erneut aufkochen und abkühlen lassen. Eigelbe schaumig aufschlagen, mit dem Stärkewasser und Olivenöl vermengen, nochmals aufschlagen.

Eiweiß mit Zucker steif schlagen. Mehl unter die Eigelbmasse rühren, Eiweiß unterziehen. Backofen auf 160 °C vorheizen. Biskuitteig maximal 1 cm hoch auf ein mit Backpapier ausgelegtes Backblech streichen und im Ofen etwa 15 Min. backen. Abkühlen lassen und Kreise ausstechen (Ø ca. 4–5 cm, wie Portweingelee).

ANRICHTEN

20 g Grué de Cacao | Kresse

Aus sämtlichen ausgestochenen Kreisen ein Rondell in folgender Reihenfolge von unten nach oben aufschichten:

1. Salziger Biskuit
2. Datteln
3. Crème-fraîche-Gelee
4. Gänsestopfleber
5. Mokkabaiser
6. Portweingelee

Auf das fertige Rondelle Grué de Cacao streuen und Dattelcreme als Nocken daneben anrichten. Die Honig-Joghurt-Sauce um das Türmchen verteilen und mit Kresse garnieren.

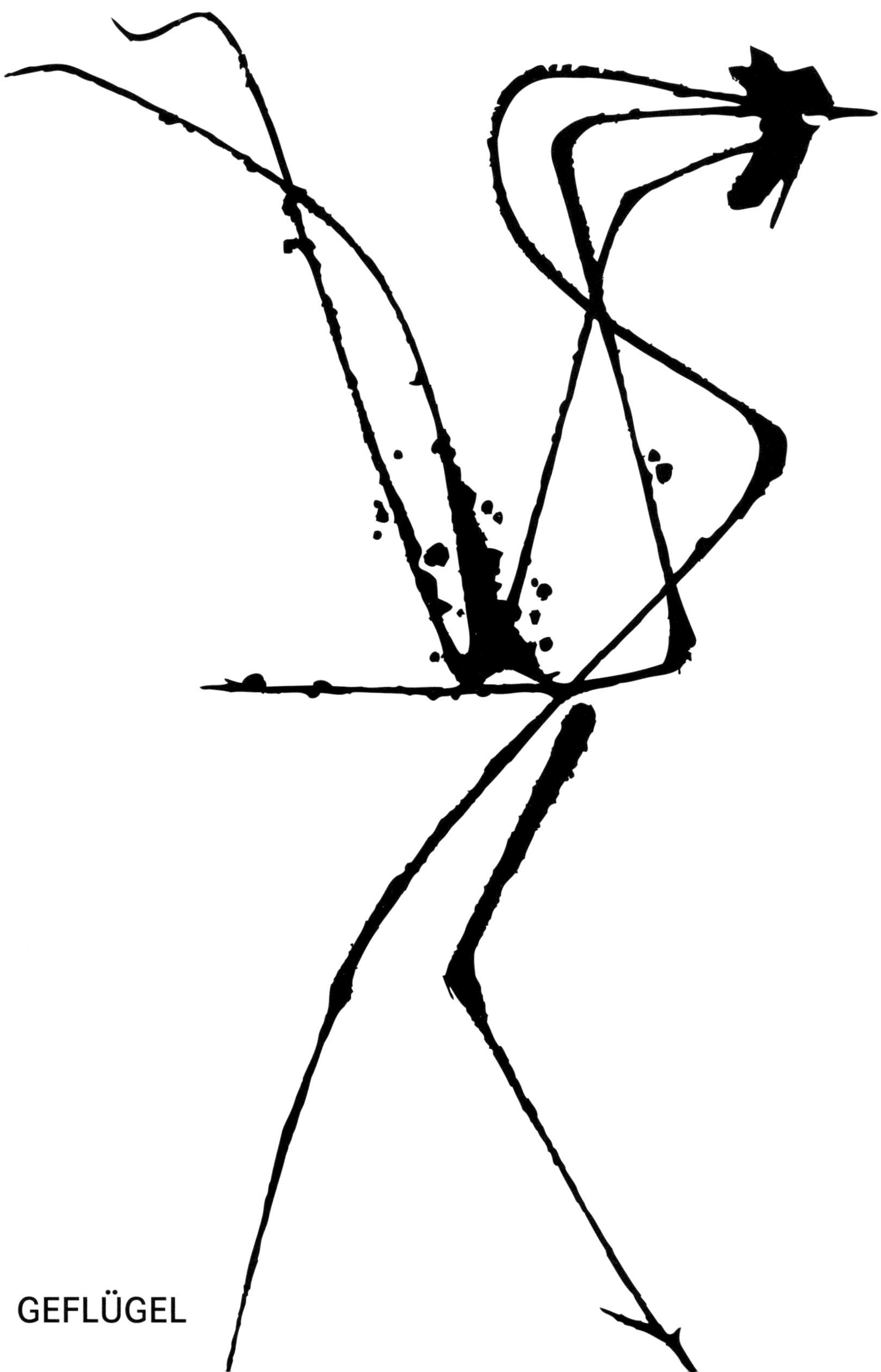

GE FLÜGEL

GALLUS GALLUS DOMESTICUS

Sie sind ohne viel Aufwand großzuziehen, liefern regelmäßig Eier und ihr helles, eiweißreiches Fleisch wird in vielen Küchen der Welt geschätzt. Das Huhn, das ursprünglich aus Asien stammt, ist auch in der Gourmetküche ein unverzichtbarer Allrounder, der die Basis vieler schmackhafter Gerichte bildet. Doch die bestmögliche Qualität einzukaufen ist nicht ganz einfach, frische Hühner sind im Markt leider die Seltenheit geworden. Aber es gibt sie noch oder wieder: in kleinen Bauernhofläden und in gut sortierten Feinkostgeschäften. Allerdings liegen die Preise deutlich über denen von tiefgefrorenem Geflügel. Doch die Investition lohnt allemal, denn frisches Geflügel bietet ein zartes schmackhaftes Fleisch, das in verschiedenen Zubereitungen zur Delikatesse werden kann. Wer frische Ware einkauft, sollte sie vor der Zubereitung gründlich von innen und außen waschen und dann zügig verarbeiten.

GEFLÜGEL

COQ AU VIN | ROTWEINNUDELN | GEMÜSE

GESCHMORTES HUHN

1 Bresse-Huhn (ca. 1,8 kg; mit Innereien)
je 1 Rosmarin- und Thymianzweig
1 Karotte | 3 Staudenselleriestangen
1 Zwiebel | ½ Knoblauchknolle
10 Wacholderbeeren | 2 Lorbeerblätter
5 Pfefferkörner | 1,2 l trockener Burgunder
60 ml geklärte Butter | 6 Toastscheiben
brauner Zucker, Salz, Pfeffer

Bresse-Huhn auslösen: Zuerst Innereien herausnehmen (Herz und Leber beiseitestellen, Rest entsorgen), dann Keulen abtrennen und Brüste herausschneiden. Von allen Fleischteilen die Haut leicht anlösen (nicht abziehen). Rosmarin und Thymian, von den Stängeln zupfen und fein hacken, unter der Haut des Geflügels verteilen. Geflügelknochen in walnussgroße Stücke zerteilen.

Karotte, Sellerie und Zwiebel schälen bzw. putzen, grob zerkleinern, Knoblauch schälen. Eine große Schüssel mit Burgunder füllen und darin Geflügelfleisch und -knochen, Gemüse, die Hälfte des Knoblauchs, Wacholder, Lorbeer, Pfeffer und Innereien mindestens 24 Std. einlegen.

Am nächsten Tag Backofen auf 150 °C vorheizen. Fond abseihen und gut abtropfen lassen. Innereien beiseitelegen, den Rest im Bräter mit der geklärter Butter anbraten. Fond aufgießen und alles im Ofen zugedeckt etwa 50 Min. garen. Fond abgießen, Fleisch bei 70 °C im Ofen warm halten.

Restlichen Knoblauch fein hacken. Toastscheiben entrinden und in Würfel schneiden, in restlicher Butter mit dem Knoblauch kross anbraten. Auf Küchenkrepp abtropfen lassen. Rotweinfond aufkochen und die Knoblauchcroûtons mit dem Stabmixer einmixen.

Innereien in kleine Würfel schneiden und in den Fond geben, nochmals aufkochen. Warm gehaltene Fleischstücke einlegen, etwa 10 Min. bei schwacher Hitze ziehen lassen, dann Sauce mit Salz, Pfeffer und braunem Zucker abschmecken, sofort servieren.

ROTWEINNUDELN

300 ml trockener Dornfelder | 300 ml roter Portwein | 2 Eier | 6 Eigelb | 5 g Meersalz 10 g Olivenöl | 200 g Mehl | 600 g Semola (Hartweizengrieß) | Mehl zum Ausrollen | Salz

Dornfelder und Portwein auf 80 ml reduzieren, abkühlen und mit Eiern, Eigelben, Meersalz und Öl vermengen. Mit Mehl und Grieß in der Küchenmaschine kräftig verkneten und mindestens 2 Std. in Klarsichtfolie ruhen lassen.

Mit der Nudelmaschine in Bandnudeln schneiden oder mit dem Nudelholz auf einer bemehlten Arbeitsfläche dünn (2 mm) ausrollen und in feine Streifen schneiden. Etwa 3 Min. im wallenden Salzwasser kochen.

EINGELEGTES GEMÜSE

3 Petersilienwurzeln | 1 Knollensellerie 2 Kohlrabis | je 6 Mini-Karotten, Frühlingszwiebeln und Schalotten | 400 ml Geflügelfond 30 ml Weißweinessig | 50 g Butter 30 g brauner Zucker | Meersalz, Pfeffer

Backofen auf 110 °C vorheizen. Gemüse schälen bzw. putzen, in Form bringen und in ein großes Einweckglas geben. Geflügelfond aufkochen, mit Meersalz und Pfeffer abschmecken, mit dem Essig über das Gemüse gießen und das Glas sofort verschließen.

Wenn möglich mind. 3 Tage ziehen lassen, das Gemüse ist so bis zu 8 Wochen haltbar.

Im Ofen bei Dampf oder 110 °C etwa 30 Min. garen. Butter in der Pfanne zerlaufen lassen, Zucker dazugeben, Gemüse aus dem Fond nehmen und durch die Butterpfanne schwenken.

ANRICHTEN

50 g Gewürzmischung Wiese (siehe Seite 45)

Geflügel und Nudeln am besten auf großen Platten zu Tisch bringen und mit dem rustikalen Gemüse garnieren.

GEFLÜGEL

KOTELETT | BACHKREBS | INGWER | KAROTTENSCHAUM

STUBENKÜKENTERRINE

6 Stubenküken (à 300–400 g)
160 g kalte Sahne | 40 ml Cognac
100 g Eiweiß | 50 g Petersilienblätter
5 g Quatre-épices | 200 g Blattspinat
5 g Kümmel | 2 Lorbeerblätter
2 kg Bachkrebse | Meersalz

Stubenküken waschen, auslösen und von Haut, Knochen und Sehnen befreien. 8 Keulen nur vom Unterschenkelknochen befreien. Restliche Keulen und 4 Brüste in feine Würfel schneiden und kalt stellen. Anschließend im Cutter oder Blitzhacker mit Sahne, Cognac und Eiweiß mixen, bis eine cremige Konsistenz entstanden ist. Masse durch ein feines Sieb streichen. Petersilienblätter waschen, fein hacken, mit den Quatre-épices unter die Farce rühren und diese ca. 30 Min. kalt stellen.

Etwa 2 l Wasser zum Kochen bringen, leicht salzen. Spinatblätter vom Stiel zupfen und 3 Sekunden im kochenden Wasser blanchieren, sofort kalt abschrecken und zwischen zwei Küchenpapierblättern leicht überlappend aneinanderlegen.

Etwa 4 l Wasser zum Kochen bringen, mit Meersalz, Kümmel und Lorbeer würzen. Krebse ins kochende Wasser geben und etwa 3 Min. darin ziehen lassen. In Eiswasser abschrecken, aus der Schale brechen und vom Darm befreien. Backofen auf 80 °C vorheizen. Eine Terrinenform mit Alufolie auskleiden, beiseitestellen. Etwas Farce auf die Spinatmatte streichen, Krebsschwänze und Scheren auflegen, aufrollen, kalt stellen.

Restliche Stubenkükenbrüste und die acht Keulen zwischen zwei Gefrierbeuteln dünn plattieren. Keulen so an einer Seite der Terrinenform entlang platzieren, dass die Knochen über den Rand ragen. Mit den Brüsten die restliche Form überhängend auskleiden. Etwas Farce gleichmäßig auf dem Fleisch verteilen. Die vorgefertigte Spinatroulade einlegen, mit Farce bestreichen, das überhängende Brustfleisch umschlagen. Nochmals mit Farce bestreichen, die Position der herausragenden Knochen evtl. korrigieren, dann mit der Alufolie fixieren. Die Terrine rundherum gut in Alufolie einpacken und im Wasserbad im Ofen etwa 40 Min. garen. Anschließend mindestens 4 Std. kalt stellen.

KAROTTENSCHAUMSALAT

2 kg Karotten | 10 g geröstetes Sesamöl
50 ml Zitronensaft | 30 ml Maiskeimöl
brauner Zucker | 5 g geriebener Ingwer
5 g Honig | 10 g Korianderblätter
Salz, schwarzer Pfeffer

Karotten schälen. 1 kg Karotten fein reiben. Sesamöl, Zitronensaft und Maiskeimöl dazugeben, mit Salz, braunem Zucker und Pfeffer abschmecken und etwa 2 Std. ziehen lassen.

Die restlichen Karotten entsaften, Ingwer, Honig und Koriander dazugeben und alles mit dem Stabmixer fein pürieren. Ebenfalls mit Salz, braunem Zucker und Pfeffer abschmecken und aufschäumen.

INGWERVINAIGRETTE

50 g brauner Zucker | 100 g Ingwer
1 Knoblauchzehe | 50 g Ananassaft
50 ml Maracujasaft | 50 ml Orangensaft
5 g Stärke | 100 ml fruchtiges Olivenöl
Salz, schwarzer Pfeffer

Zucker im Topf karamellisieren lassen. Ingwer und Knoblauch schälen, fein hacken, zum Zucker geben und mit den Säften ablöschen. Aufkochen, den Zucker wieder lösen, Stärke dazugeben und alles mit dem Stabmixer fein pürieren. Durch ein Sieb geben und abkühlen lassen, mit dem Olivenöl vermengen, mit Salz und Pfeffer abschmecken.

ANRICHTEN

1 Handvoll glatte Petersilie

Von der Terrine Koteletts herunterschneiden, vor dem Servieren leicht aufwärmen. Koteletts auf Teller stellen (evtl. am Boden etwas anschneiden). Karottensalat auftürmen, den Karottenschaum abschöpfen und den Salat damit bedecken. Ingwervinaigrette darum herumsetzen und mit einigen Blättern glatter Petersilie dekorieren.

GEFLÜGEL

EINTOPF | KORIANDER | STRUDEL

GEFLÜGELBRÜHE

2 Schwarzfederhühner | 200 g Karotten
200 g Knollensellerie | 200 g Zwiebeln
10 Wacholderbeeren | 3 Lorbeerblätter
10 Pfefferkörner | 1 Nelke

Backofen auf 220 °C vorheizen. Schwarzfederhühner waschen, von Innereien befreien, evtl. vorhandenen Hahnenkamm abschneiden und beiseitelegen. Brust und Keulen vom Kochen schneiden, Kopf abtrennen. Knochen im Ofen leicht anbräunen.

Eine Brust und eine Keule zum Klären beiseitelegen, das restliche Fleisch und die angebräunten Knochen gut mit Wasser bedecken und aufkochen, den Schaum abschöpfen. Gemüse schälen, grob zerkleinern, mit den Gewürzen zur Brühe geben und diese etwa 2 Std. leicht sieden lassen. Das Fleisch kleinschneiden und als Einlage beiseitestellen, die Brühe durch ein feines Sieb passieren und kalt stellen.

BRÜHE KLÄREN

je 1 Schwarzfederhuhnbrust und -keule
250 g Eiweiß | 10 g Meersalz
5 Wacholderbeeren | 10 Pfefferkörner
1 Lorbeerblatt | 5 g Koriandersamen
500 g Karotten | 500 g Knollensellerie
300 g Petersilienwurzel | 40 g Korianderblätter

Keule und Brust vom Knochen befreien und fein zerkleinern (z. B. im Blitzhacker), mit Eiweiß und Meersalz vermengen, etwa 30 Min. stehen lassen. Wacholder, Pfeffer, Lorbeer und Koriandersamen unterrühren.

Karotten, Sellerie und Petersilienwurzel entsaften. Gemüsesaft und Gemüsepüree (aus dem Auffangbehälter des Entsafters) mit der Fleischmischung vermengen. Den abgekühlten Geflügelfond (ca. 3½ l) mit der Klärmasse kräftig mischen und den Ansatz bei mittlerer Hitze aufkochen. Wenn ein stabiler Eiweißteppich an der Oberfläche aufschwimmt, Hitze reduzieren und etwa 60 Min. ziehen lassen. Am Ende frischen Koriander dazugeben, kurz unterrühren, dann den klaren Fond durch ein sehr feines Tuch seihen.

GEFLÜGELSTRUDEL

je 2 Geflügelhälse, -mägen, -lebern und -herzen | 4 Schalotten | 1 Karotte
30 ml geklärte Butter | 400 ml der Geflügelbrühe | 30 ml Ketjap Manis | 20 g gerösteter Sesam | 1 Ei | 8 Wan-Tan-Blätter
Salz, schwarzer Pfeffer

Geflügelinnereien putzen, unter kaltem Wasser waschen. Schalotten und Karotte schälen, fein würfeln und mit den Innereien in der Butter scharf anbraten. Mit der Geflügelbrühe ablöschen, Ketjap Manis dazugeben und alles etwa 60 Min. leicht köcheln.

Innereien aus dem Fond nehmen, Fond dickflüssig reduzieren lassen. Mit Herzen und Mägen im Mixer fein pürieren. Restliche Innereien fein würfeln, mit dem Sesam unter die Herz-Magen-Creme rühren. Kräftig mit Salz und Pfeffer abschmecken.

Ei in eine Schüssel schlagen, Wan-Tan-Blätter damit bestreichen, die Innereiencreme daraufgeben, die Seiten einschlagen und aufrollen. In Wasserdampf oder Fond etwa 4 Min. garen.

GEMÜSEEINLAGE

1 große Karotte | 1 Knollensellerie
1 Frühlingszwiebel | 1 Petersilienwurzel
30 g frischer Koriander

Gemüse schälen bzw. putzen, in kleine Rauten schneiden und in wenig Geflügelfond blanchieren. Koriander waschen und in feine Streifen schneiden, beiseitestellen.

ANRICHTEN

Das kleingeschnittene Fleisch und die Gemüserauten mit Korianderjulienne in Suppenschalen verteilen. Gegarten Strudel einlegen und am Tisch mit einer kleinen Kanne die heiße Brühe eingießen.

HAUS SCHWEIN

SUS SCROFA DOMESTICA

Schwein gehabt? Die Frage kann auch in Gourmet-Restaurants immer öfter mit ja beantwortet werden. Das gemeine Hausschwein, dessen Fleisch lange Zeit als billiges Produkt und als nicht standesgemäß galt, erlebt in den Restaurantküchen eine Renaissance. Denn mit der Rückbesinnung auf natürliche Produktionsmethoden und der Züchtung alter deutscher Rassen wurde die Fleischqualität deutlich verbessert. Schweine vom Bauernhof und aus kleinen handwerklichen Zuchtbetrieben sind heute gesuchte Tiere, die ihren Preis haben und deren Fleisch nur beim Metzger zu haben ist. Im Gegensatz zu Rindfleisch und Wild muss Schweinefleisch nicht abhängen, sondern kann frisch nach der Schlachtung verarbeitet werden. Achten sie beim Kauf vor allem darauf, dass das Fleisch nicht zu hell, sondern zartrosa bis rosarot und feinfaserig ist. Gutes Schweinefleisch ist dazu nicht mager, sondern leicht marmoriert und die Schnittflächen dürfen nicht trocken aussehen.

SCHWEIN

FENCHELBRATWURST | CRÉPINETTE | BLUTWURST | FLEISCHPFLANZERL

FENCHELBRATWURST

5 kg Schweinenacken ohne Schwarte
4 Knoblauchzehen | je 1 Rosmarin-, Thymian- und Oreganozweig | 6 große Salbeiblätter
4 g Pökelsalz | 15 g Fenchelsamen | 600 ml trockener Riesling | 350 g getrocknete Tomaten | 150 g schwarze Oliven | 45 g Meersalz
50 ml kräftiges Olivenöl | 10 g gemahlener weißer Pfeffer | 4 g Muskat | 1 Msp. Piment d'Espelette | geklärte Butter | 5 m Lammdarm

Nacken 2 cm groß würfeln. Knoblauch schälen und würfeln, Kräuter waschen und von den Zweigen zupfen. Knoblauch und Kräuter mit Pökelsalz, Fenchel und Wein zum Nacken geben, etwa 24 Std. marinieren. Durch ein Sieb abgießen, Fond auffangen und beiseitestellen. Fleisch mit Küchenpapier trocken tupfen. Kräuter aus dem Sud trocken tupfen, grob hacken. Oliven entsteinen. Fleisch, Kräuter, Tomaten und Oliven im Fleischwolf nicht zu fein zerkleinern. Mit Meersalz, Olivenöl, Pfeffer, Muskat und evtl. etwas Piment d'Espelette abschmecken. Masse mit einem Spritzbeutel in den Lammdarm füllen. Würste abdrehen, leicht antrocknen lassen. Bei schwacher Hitze in Butter anbraten, etwas Marinierfond dazugeben, reduzieren lassen, bis die Wurst wieder brät.

CRÉPINETTE

700 g Schweinerücken | 5 g Pökelsalz
10 Wacholderbeeren | 1 Lorbeerblatt
300 g Zwiebeln | 300 g süße Äpfel
3 Bohnenkrautzweige | 4 Knoblauchzehen
700 g Schweinenacken ohne Schwarte
700 g geräucherte Entenkeule | 15 g Meersalz
10 g weißer Pfeffer | 100 g körniger Senf
30 ml Calvados | geklärte Butter
300 g Schweinenetz

Schweinerücken in etwa 2 cm große Würfel schneiden. 1 l Wasser, Pökelsalz, Wacholder und Lorbeer aufkochen, abkühlen und über die Würfel gießen, im Kühlschrank 24 Std. marinieren. Zwiebeln und Äpfel schälen und fein würfeln, Bohnenkraut waschen und fein hacken. Schweinerücken aus dem Fond nehmen und im Fleischwolf nicht zu fein zerkleinern. Knoblauch schälen und grob zerteilen, mit Schweinenacken und Entenkeule ebenfalls durch den Fleischwolf lassen. Fleisch, Zwiebeln, Äpfel, Meersalz, Pfeffer, Senf, Calvados und Bohnenkraut gut miteinander verkneten. Das Schweinenetz ausbreiten, die Hackmasse portionieren und aufsetzen. Das Netz zerteilen und portionsweise die Hackmasse darin einwickeln. In Butter anbraten.

BLUTWURST

je 5 Wacholderbeeren, Lorbeerblätter und Pfefferkörner | 1 kg Schweineleber | 3 Schweinenieren | 500 g Schweinebauch mit Schwarte
3 Schweinehaxen mit Schwarte | 300 g Zwiebeln | 3 Knoblauchzehen | 15 g Quarte-épices
20 g Meersalz | 40 g frischer Majoran
1,2 l frisches Schweineblut | 2–3 m Schweinedarm oder -blase | Wurstgarn

Wacholder, Lorbeer, Pfeffer und Salz in 5 l Wasser aufkochen. Leber und Nieren putzen, mit Bauch und Haxen ins Wasser geben. Leicht siedend 60 Min. ziehen lassen, Leber und Niere herausnehmen. Bauch und Haxen garen, bis sie weich sind, dann ebenfalls herausnehmen. Zwiebeln und Knoblauch schälen, fein würfeln, in etwas Sud weich garen. Haxen vom Knochen befreien, mit Bauch, Zwiebeln, Knoblauch, Quatre-épices und Meersalz im Fleischwolf nicht zu fein zerkleinern. Leber und Nieren fein würfeln und dazugeben. Majoran waschen, fein hacken und mit Schweineblut untermischen. Mit einem Spritzbeutel in Darm oder Blase abfüllen, mit Wurstgarn verschließen. Je nach Größe 1–2 ½ Std. in heißem, nicht kochenden Wasser ziehen lassen. Sofort verwenden oder abkühlen und trocknen lassen.

FLEISCHPFLANZERL

1½ kg Schweinenacken | 60 ml Weinbrand
250 g Zwiebeln | 100 g Schweineschmalz
150 g trockenes Weißbrot oder altbackene Semmeln | 2 Lorbeerblätter
2 Knoblauchzehen | 5 Wacholderbeeren
200 ml Vollmilch | 3 Eier | 1 EL scharfer Senf
35 g frisches Liebstöckel | 6 Spiegeleier
Meersalz, schwarzer Pfeffer

Schweinenacken grob zerkleinern, mit Salz und Pfeffer würzen, Weinbrand dazugeben, vermengen, ca. 40 Min. ziehen lassen. Zwiebeln schälen und fein würfeln, in etwas Schweineschmalz anbraten. Altbackenes Brot klein schneiden und mit Lorbeer, gehacktem Knoblauch und Wacholder dazugeben. Mit Milch ablöschen, Deckel aufsetzen, vom Herd nehmen und ziehen lassen, bis das Brot vollkommen eingeweicht ist. Abkühlen lassen, mit dem Schweinenacken und dem Milchfond nicht zu fein im Fleischwolf zerkleinern. Eier und Senf unter die Masse arbeiten. Liebstöckel waschen und fein hacken, ebenfalls dazugeben. Mit Meersalz und schwarzem Pfeffer kräftig abschmecken, danach portionieren, in heißem Schweineschmalz ausbacken und sofort servieren.

SCHWEIN

KREBSE | SPARGEL | MORCHEL

SCHWEINEBAUCH

1 Knoblauchzehe | 100 ml Geflügelfond
5 Pfefferkörner | 1 Lorbeerblatt
1 Rosmarinzweig | 40 g Gewürzmischung Wiese (siehe Seite 45) | 500 g Schweinebauch (am Stück)

Knoblauch schälen und mit Geflügelfond und Gewürzen aufkochen. Mit Schweinebauch in einen Vakuumbeutel geben, verschließen und im Wasserbad bei 72 °C etwa 18 Std. garen. Alternativ Backofen auf 200 °C vorheizen. 200 ml Geflügelfond in einen Bräter mit Schweinebauch und Gewürzen geben. Schwarte nach unten drehen und Bauch im Ofen etwa 2 Std. zugedeckt garen.

Schwarte nach dem Garen fein einritzen, unter dem Grill knusprig bräunen, portionieren und mit der Gewürzmischung bestreuen.

MORCHELN & BLÄTTERTEIG

500 g Morcheln | 50 g Butter
130 g Sahne | 250 g mehligkochende Kartoffeln | 1 Schalotte | 30 ml geklärte Butter
80 ml Sherry | 50 ml Geflügelfond
100 g Blätterteig | 1 Eigelb | 30 g Sesam
Muskat, Meersalz, Pfeffer

Morcheln sauber putzen und waschen. Abschnitte ebenfalls waschen und beides mit Butter und Sahne aufkochen, ziehen lassen. Kartoffeln schälen und in Salzwasser weich kochen, durch eine Kartoffelpresse drücken. Morchelfond passieren und unter Kartoffeln rühren, mit Salz und Muskat abschmecken. Schalotte schälen und fein würfeln, mit den Morcheln in geklärter Butter anschwitzen. Zuerst mit Sherry, dann mit Geflügelfond ablöschen. Kurz aufkochen lassen, mit Meersalz und Pfeffer abschmecken. Die schönsten Morcheln als Garnitur beiseitelegen, Rest fein schneiden und zum Püree geben.

Backofen auf 200 °C vorheizen. Blätterteig ausrollen und mit Eigelb bestreichen, in Streifen von 1,5 x 8 cm Größe schneiden und mit Sesam bestreuen. Im Ofen etwa 8 Min. backen, längs halbieren und mit Morchelpüree füllen.

KRUSTENTIERSCHAUM

5 Knoblauchzehen | 100 g Schalotten
100 g Karotten | 100 g Staudensellerie
100 g Fleischtomaten | 60 ml geklärte Butter
1 kg Krustentierschalen (ohne Innereien)
30 g Tomatenmark | 80–100 ml Cognac
200 ml trockener Chardonnay
500 ml Geflügelfond | 800 g Sahne
1 Thymianzweig | 1 Basilikumstängel
100 g Crème fraîche | etwas Butter zum Abbinden | Muskat, Zitronensaft, Meersalz, Pfeffer

Knoblauch schälen und mit Schalotten, Karotten, Sellerie und Tomaten grob zerkleinern. Butter in einem Bräter erhitzen. Krustentierschalen darin anrösten, nicht zu dunkel, sonst wird der Fond bitter. Gemüse dazugeben und ebenfalls mit anbraten. Tomatenmark dazugeben, mit Cognac abschmecken und flambieren. Wein und Fond angießen und so hoch mit Wasser auffüllen, dass alle Krusten bedeckt sind. Aufkochen, Schaum oben abnehmen und etwa 30 Min. leicht köcheln.

Sahne, Thymian, Basilikum und Crème fraîche dazugeben und nochmals 20 Min. leicht köcheln. Fond durch ein feines Sieb gießen, Rückstand fest ausdrücken.

Nochmals aufkochen und mit dem Stabmixer aufschäumen. Mit Meersalz, Pfeffer, Muskat, Cognac und Zitrone abschmecken. Evtl. zur Bindung noch etwas Butter untermixen. (Ohne die Zugabe von Milchprodukten erhält man einen klaren Hummerfond für Hummersuppen, -gelees und -schäume).

KREBSE KOCHEN

12 große Krebse (à ca. 120 g)
50 g Meersalz | 10 g Fenchelsamen
8 g Kümmel | 2 Lorbeerblätter
5 Wacholderbeeren | 10 weiße Pfefferkörner

Krebse am besten im Originalgebinde kaufen (Körbe ab 2 kg erhältlich), da sie in Aquarien keine Nahrung mehr aufnehmen und daher Fleischmenge und Qualität abnehmen.
Etwa 4 l Wasser mit Meersalz und Gewürzen zum Kochen bringen, etwa 20 Min. ziehen lassen. Nochmals aufkochen, Krebse kopfüber einsetzen (Wasser sollte nicht mehr kochen) und etwa 3 Min. ziehen lassen.

Einen Krebs herausnehmen, zur Kontrolle den Schwanz vorsichtig abdrehen, er sollte in der Mitte noch leicht glasig sein. Dann alle Krebse herausnehmen und sofort kalt abschrecken, damit der Garprozess abgeschlossen ist. Scheren und Schwänze durch Drehen abtrennen. Beim Schwanz zuerst den unteren flachen Teil abziehen, dann Schwanz sanft zusammendrücken, bis er knackt. Die Kruste abschälen. Am Schwanzende einen kleinen Schlitz einschneiden (rote Seite) und den Darm herausnehmen. Krebse in leicht gesalzenes kaltes Wasser einlegen.

Von der Schere das Gelenk entfernen, dann den beweglichen Teil der Schere abknacken und herausziehen, mit der Schere knapp am Rand der kurzen Seite aufschneiden und die Kruste abschälen.

Scheren ebenfalls in Salzwasser einlegen, mit den Schwänzen waschen, bis die Eiweißreste entfernt sind. Beim Erwärmen max. 50 °C erhitzen, sonst werden sie zäh. Krebsköpfe von den Innereien befreien und alle Krusten für einen Fond aufbewahren (können auch tiefgekühlt werden).

LEIPZIGER ALLERLEI

6 Mini-Karotten | 6 Stangen weißer Spargel
10 g brauner Zucker | 100 g Butter
1 kg Dicke Bohnen | Meersalz, Pfeffer

Backofen auf 150 °C vorheizen. Mini-Karotten und Spargel schälen und mit Zucker und 40 g Butter auf ein Stück Alufolie legen. Mit Meersalz und Pfeffer würzen, fest einpacken und im Ofen etwa 25 Min. garen. Bohnenkerne aus der äußeren Hülle brechen und in Salzwasser blanchieren. Bohnenschalen entfernen, restliche Butter in einem kleinen Topf schmelzen und die Bohnen durch den Butterfond ziehen. Mit Salz und Pfeffer abschmecken.

ANRICHTEN

Schweinebauch auf die Mitte der Teller setzen. Gemüse und Morcheln durch den Butterfond des Leipziger Allerleis ziehen und mit den Krebsen außen herum verteilen. Sauce nochmals mit dem Stabmixer aufschäumen und über die Krebse träufeln. Gefüllten Blätterteig daraufsetzen, sodass das Gericht etwas an Höhe gewinnt.

SCHWEIN

AUSTERN | CHILI | APFEL

AUSTERN ÖFFNEN

Am besten mit einem Austernhandschuh arbeiten, er schützt vor Verletzungen. Nicht die sicherste, aber auch eine effektive Lösung besteht darin, ein dickes Geschirrtuch in die flache Hand zu legen. Die Auster mit der gewölbten Seite nach unten und dem Gelenk (nicht der flachen Seite) zum Körper auf dem Tuch in der Hand platzieren. Mit einem Austernmesser langsam von der rechten Seite in die Auster eindringen und den Muskel durch Auf-und-ab-Bewegen durchtrennen, dann öffnet sich die Auster leicht und der Deckel lässt sich entfernen. Darauf achten, dass dabei nicht zu viel Meerwasser entweicht. Austernwasser auffangen. Auster mit dem Pinsel von Schalenresten befreien, Perlen entnehmen und sammeln!

AUSTERN & VINAIGRETTE

1 rote Paprika | 1 Gewürzgurke | 1 Tomate
1 Schalotte | 18 Austern (Fines de Claire)
1 EL Zitronensaft | 10 ml Walnussöl
1 Dillzweig | Meersalz, Pfeffer

Paprika, Gewürzgurke, Tomate und Schalotte schälen und in feinste Würfel schneiden. Austern öffnen, Wasser auffangen und Austern auf einen Teller setzen. Austernwasser durch ein Sieb gießen und auffangen, 50 ml davon mit Zitronensaft und Walnussöl zum Gemüse geben. Weitere 50 ml für die Austernjus beiseitestellen.

Dill waschen und fein hacken, ebenfalls dazugeben, alles mit Meersalz und Pfeffer abschmecken und die Austern damit marinieren.

JUNGSCHWEINENACKEN

500 g Wurstbrühe (vom Metzger)
500 g Schweineschmalz | 80 g brauner Zucker
100 g Ingwer | 2 Chilischoten
1 Zitronengrasstängel | 2 Limettenblätter
1,2 kg Jungschweinenacken

Wurstbrühe und Schweineschmalz aufkochen, Zucker hineingeben und lösen. Ingwer schälen, mit geputzter Chili, Zitronengras und Limettenblättern zerkleinern und dazugeben. Lauwarm auf den Nacken geben und 1 Tag im Kühlschrank marinieren. Backofen auf 70 °C vorheizen und Nacken etwa 20 Std. zugedeckt im Bräter garen.

KANDIERTE CHILI

2 große rote Chilischoten | 100 g Zucker
Meersalz

Chilischoten entkernen, weiße Trennwände entfernen. Zweimal je 2 Min. in Salzwasser blanchieren. Dann in Zuckerwasser (1:1) etwa 10 Min. köcheln lassen.

Im Backofen bei 50 °C (Umluft) ohne vorheizen etwa 2 Std. trocknen lassen.

APFELSCHEIBEN

3 Äpfel (z. B. Granny Smith) | 50 ml Zitronensaft | 200 ml Apfelsaft | 30 g grüner Tee 30 g Ahornsirup | 1 Nelke

Äpfel waschen, mit einem Kernausstecher entkernen und in dünne Scheiben schneiden. Etwa 30 Min. in Zitronensaft einlegen, dann im Backofen bei 50 °C (Umluft) ohne vorheizen etwa 3 Std. trocknen lassen. Apfelsaft in einem Topf auf 60 °C erhitzen, Tee, Ahornsirup und Nelke dazugeben. 5 Min. ziehen lassen, passieren und über die getrockneten Äpfel geben.

APFELCHUTNEY

3 Äpfel (z. B. Granny Smith) | 50 g Ingwer 50 g brauner Zucker | 1 Sternanis | 1 Nelke 1 Stück langer Pfeffer | 100 ml Apfelsaft 2 g Safran

Äpfel, schälen, entkernen, in feine Würfel schneiden. Ingwer grob zerkleinern. Zucker im Topf schmelzen, Anis, Nelke, Pfeffer und Ingwer dazugeben, mit Apfelsaft ablöschen. Apfelwürfel und Safran dazugeben, aufkochen und sofort durch ein Sieb auf ein Blech gießen. Abkühlen lassen.

AUSTERNJUS

200 ml Kalbsfond | 50 ml Austernwasser 80 ml Limettensaft | 50 ml Sojasauce (5 Jahre alt) | 5 g getrocknete Thunfischflocken 5 g Kombu-Algen | abgeriebene Schale von 1 Limette

Alle Zutaten zusammen aufkochen und 10 Min. ziehen lassen, dann passieren und sofort servieren.

ANRICHTEN

Dill

Apfelscheiben auf die Teller legen, Schweinenacken portionieren und daraufsetzen, Apfelchutney auf den Nacken geben. Austern in der Vinaigrette leicht erwärmen und ebenfalls dazusetzen. Vinaigrette, Chili und Dillspitzen darüberverteilen und alles mit der Austernjus beträufeln.

ENTE

ANATINAE

Ente gut, alles gut? Wer einen knusprigen Entenbraten aus dem Ofen zieht, wird diese Frage leicht beantworten können. Enten gehören, neben Gänsen, zu den beliebtesten Festtagsgerichten. Sowohl in der einfachen als auch in der gehobenen Gastronomie hat das Federvieh seinen festen Platz auf den Speisekarten. Doch Ente ist nicht gleich Ente. Unterschieden werden sogenannte Hausenten und Flugenten. Körper und Schwanz der Letzteren sind länger, ihr Fleisch schmeckt herzhafter und sie bringen weniger Fett auf die Waage als ihre domestizierten Artgenossen.

Für die Zubereitung macht es allerdings kaum einen Unterschied, beide Entenarten eignen sich mit ihrem saftigen Fleisch vor allem zum Grillen und Braten im Ganzen, wobei ein Teil des Fettes auslaufen kann. Beste Qualitäten gibt es frisch geschlachtet vom Bauernhof oder in gut sortierten Feinkostgeschäften. Hier sind es vor allem die französischen Barbarie- und Nantaiser-Enten, die neben den fleischigen und zarten Bayrischen Hausenten erste Wahl sind.

ENTE

ENTE À L'ORANGE | ROTKOHL | SCHNEEBÄLLCHEN | ORANGENSAUCE

ROTKOHL

1 Rotkohl | 2 große Zwiebeln | 2 Äpfel (z. B. Granny Smith) | 15 Wacholderbeeren | 15 Pfefferkörner | 3 Lorbeerblätter | 2 Zimtstangen
3 Sternanis | 750 ml trockener Spätburgunder
40 ml Himbeeressig | 40 ml Rotweinessig
150 g gezuckerte Preiselbeeren | 200 ml Orangensaft | 150 g Gänse- oder Entenschmalz
evtl. Kartoffelstärke | evtl. geriebene oder gehackte dunkle Schokolade | brauner Zucker
Meersalz, schwarzer Pfeffer

Rotkohl vom dicken Strunk befreien, in feine Streifen schneiden. Zwiebel und Äpfel schälen und würfeln. Gewürze in Gewürz- oder Teebeutel füllen, zubinden, mit Rotkohl, Zwiebeln, Äpfeln, Wein, Essig, Preiselbeeren und Orangensaft gut mischen und mindestens 24 Std. marinieren.

Durch ein Sieb abgießen und den Sud auffangen. Rotkohl in Schmalz anbraten, nach und nach die Marinade angießen und den Rotkohl zugedeckt etwa 45 Min. leicht köcheln. Mit Meersalz, Pfeffer und Zucker abschmecken. Nach Wunsch mit Kartoffelstärke abbinden. Eine schöne Abrundung gelingt auch mit dunkler Schokolade, dann nicht mehr kochen.

ENTENBRATEN

1 magere Ente (ca. 2½ kg; möglichst hellfleischig) | 2 Karotten | 1 Knollensellerie
1 Zwiebel | 2 Knoblauchzehen | 1 Rosmarinzweig | 50 g Gewürzmischung Wiese (siehe Seite 45) | 50 ml geklärte Butter
Filets von 3 Orangen | 100 ml Orangensaft
Salz | Küchengarn

Die Ente komplett ausnehmen, Brustbein und Bürzel entfernen, Leber und Herz für die Schneebällchen beiseitelegen. Überschüssiges Fett abtrennen. Karotten, Sellerie, Zwiebel, Knoblauch schälen und grob zerkleinern.

Rosmarin vom Zweig zupfen, mit dem Gemüse vermengen. Ente innen leicht mit der Gewürzmischung Wiese würzen, mit dem Gemüse und den Orangenfilets füllen, restliches Gemüse beiseitestellen. Ente mit Küchengarn kompakt zusammenbinden.

Backofen auf 140 °C vorheizen. Butter in einem Bräter erhitzen und die Ente darin auf der Brustseite anbraten. Aus dem Bräter nehmen, restliches Gemüse darin anbraten und mit Orangensaft ablöschen.

Etwa 300 ml leicht gesalzenes Wasser dazugeben, die Ente mit der Brust nach unten in den Sud legen und im Ofen etwa 45 Min. garen. Dann die Ente mit der Brustseite nach oben drehen, die Temperatur auf 160 °C erhöhen und die Ente weitere 60 Min. garen. Zwischendurch immer wieder mit dem Fond übergießen.
Ente aus dem Sud nehmen, Sud durch ein Sieb abgießen, entfetten und beiseitestellen.
Backofen auf 200 °C vorheizen, Ente mit der Gewürzmischung Wiese bestreuen und im Ofen etwa 10 Min. knusprig backen.

MARONEN & CRÊPES

800 g Maronen | Saft von 6 Orangen | 100 g brauner Zucker | 1 Sternanis | 1 Zimtstange ½ Muskatnuss | 80 g kalte Butter | 40 g Grué de Cacao | 150 g Mehl | 50 ml Milch | 3 Eier 30 ml geklärte Butter | 10 Schnittlauchstängel Salz, schwarzer Pfeffer

Backofen auf 180 °C vorheizen. Maronen über Kreuz einschneiden, im Ofen etwa 10 Min. rösten, bis die Schale aufplatzt. Abkühlen lassen, schälen, braune Stellen entfernen. Einige Maronen zum Anrichten beiseitelegen. Orangensaft durch ein feines Sieb geben. Zucker im Topf karamellisieren, Maronen, Anis und Zimt dazugeben, mit Orangensaft ablöschen. Etwa 15 Min. leicht köcheln lassen, mit Salz, Pfeffer und geriebener Muskatnuss abschmecken. Zum Abbinden die Butter unterrühren, mit 20 g Grué de Cacao abschmecken. Backofen auf 80 °C vorheizen. Mehl, Milch und Eier mit dem Stabmixer vermengen. Die Hälfte der Maronen fein hacken und mit dem restlichen Grué de Cacao unter den Teig rühren, salzen und pfeffern. Kleine Crêpes in Butter ausbacken. Restliche Maronen pürieren, auf die Crêpes geben, oben zusammennehmen, mit Schnittlauch verschließen. Säckchen im Ofen erwärmen.

INNEREIENWIPPE

250 g Innereien der Wildenten | 30 ml geklärte Butter | 30 g Hausmacher Blutwurst (siehe Seite 125) | 10 g geriebener Meerrettich 40 g Preiselbeerkonfitüre | 10 g Pinienkerne 10 g grüner Pfeffer | 80 ml roter Portwein 40 ml Sherry | 1 EL gehackte glatte Petersilie 4 große Scheiben Weißbrot | 50 g Popcornmais | 5 g Quatre-épices | 20 g brauner Zucker | Salz, schwarzer Pfeffer

Innereien von Haut und Kochen befreien und grob zerkleinern. Etwas Butter in einer Pfanne erhitzen und die Innereien darin scharf anbraten. Blutwurst, Meerrettich, Preiselbeerkonfitüre, Pinienkerne und grünen Pfeffer dazugeben, mit Portwein und Sherry ablöschen, reduzieren lassen. Mit dem Stabmixer fein pürieren und kräftig mit Salz und Pfeffer abschmecken, Petersilie einstreuen. (Zum Anrichten in einen Spitzbeutel abfüllen.) Weißbrotscheiben entrinden, mit dem Nudelholz dünn ausrollen und in Streifen schneiden. Zwischen zwei Backpapierblättern in der Pfanne rösten. Mais mit etwas Butter im Topf erhitzen, Deckel auflegen und Maiskörner aufpoppen lassen. Mit Zucker und Quatre-épices würzen.

ANRICHTEN

Wildentenfond-Gelee | glatte Petersilie Schnittlauch

Wildentenbrust, Specktrauben, Galette mit Wildentenfond-Gelee und Maronensäckchen auf Tellern anrichten, Innereien auf die Brotstreifen setzen, Popcorn aufhängen und alles mit den beiseitegelegten Maronen garnieren. Sauce darüberträufeln, mit Petersilie und Schnittlauch garnieren und sofort servieren.

ENTE

CONFIT | GEWÜRZGURKEN | SENF | BROT

GEWÜRZGURKEN

3 kg mittelgroße Einmachgurken
20 Perlzwiebeln | 3 rote Paprika
3 große Karotten | 6 Dillblütendolden
2 l Kräuteressig | 200 g Zucker
50 g Senfkörner | 5 g Koriandersamen
3 Nelken | 30 Wacholderbeeren
10 g weiße Pfefferkörner | 3 Sternanis
evtl. Chilischoten nach Geschmack
Einmachgläser

Backofen auf 90 °C vorheizen. Gurken waschen und putzen, Perlzwiebeln schälen. Paprika zerteilen, Kerne und Trennwände entfernen, in Streifen schneiden. Karotten schälen und in grobe Stifte schneiden. Alles in saubere Einmachgläser verteilen. Restliche Zutaten mit 2 l Wasser aufkochen und über die Gurken gießen. Die Gläser verschließen und im Wasserbad im Ofen 60 Min. garen. Mindestens 1 Woche im Glas ziehen lassen.

ENTENCONFIT

12 Entenkeulen | Gewürzmischung Wiese (siehe Seite 45) | 100 g Gänseschmalz
5 Schalotten | 2 Knoblauchzehen
3 Rosmarinzweige | 2 Thymianzweige
1 Bohnenkrautzweig | 5 Wacholderbeeren
10 Pfefferkörner | 2 Lorbeerblätter
300 ml kräftiger Geflügelfond | 2 große Karotten | 1 Knollensellerie | 1 Msp. Quatre-épices
Meersalz | Einmachgläser

Backofen auf 90 °C vorheizen. Entenkeulen mit der Gewürzmischung Wiese würzen. Gänseschmalz in einem Bräter erhitzen und die Entenkeulen darin anbraten. Schalotten und Knoblauch schälen, grob würfeln, Kräuter von den Zweigen zupfen, mit den Gewürzen in den Bräter geben und anrösten. Den Fond angießen, den Deckel auflegen und die Keulen im Ofen 2½ Std. garen.

Gegarte Keulen aus dem Ofen nehmen, Knochen und Haut entfernen. Fond passieren, auf dem Herd leicht reduzieren. Karotten und Sellerie schälen, fein würfeln und im Fond kurz mitgaren. Fleisch dazugeben, mit Meersalz und Quatre-épices abschmecken, noch warm in Einmachgläser füllen und verschießen.

VIOLETTER SENF

1 kg kräftige dunkle Trauben | 500 ml dunkler Traubensaft | 15 g frischer Meerrettich
2 EL Verjus (Saft aus unreifen Trauben)
200 g feiner Dijonsenf

Trauben entkernen, im Traubensaft weich kochen und bis zur Dickflüssigkeit reduzieren lassen. Durch ein feines Sieb geben. Meerrettich schälen, reiben und mit dem Verjus zum Traubensud geben, alles mit dem Senf vermengen.

SAUERTEIGBROT

400 g Roggenschrot | 1 kleine Tasse Sauerteig vom Bäcker | 250 g Weizenmehl | 350 g Roggenmehl | 1 TL Salz | 1 Prise Kardamom

Roggenschrot mit Sauerteig und 800 ml lauwarmem Wasser verrühren. Bei Zimmertemperatur mind. 12 Stunden zugedeckt stehen lassen. Eine Tasse der Mischung abfüllen, und für den nächsten Sauerteig max. 14 Tage luftdicht verschlossen im Kühlschrank aufbewahren.

Mehl mit Gewürzen vermengen und mit der Sauerteigmischung vermengen. Zunächst mit dem Knethaken, anschließend mit den Händen in mind. 10 Min. zu einem geschmeidigen Teig verkneten, dann 2–3 Std. gehen lassen.

Den Backofen auf 250 °C vorheizen. Teig in einen Römertopf oder zwei kleine Kastenformen füllen, mit nassen Händen glatt streichen und 15 Min. backen. Die Temperatur auf 200 °C reduzieren und weitere 45 Min. backen. Das Brot aus dem Ofen nehmen und wenden. Von unten daraufklopfen: Ist das Brot fertig, klingt es hohl.

ANRICHTEN

Das Entenconfit auf Zimmertemperatur bringen und auf das frisch gebackene Brot streichen. Mit den Gewürzgurken und dem Senf anrichten.

REH

CAPREOLUS CAPREOLUS

Seit Jahrhunderten gehört Wildbret zu den klassischen Gerichten auf den Speisekarten der Restaurants. Ganz oben in der Beliebtheitsskala rangiert das Reh, in der Regel eine echte regionale Spezialität aus freier Wildbahn der Wälder und Flure einer Region. Doch Wildfleisch bleibt eine Besonderheit, nur etwa ein Prozent des gesamten deutschen Fleischkonsums entfällt auf die verschiedenen Wildarten. Rehe, die in freier Natur aufwachsen, ernähren sich von Gräsern, Kräutern und Pflanzenteilen, ihr Fleisch schmeckt kernig saftig und würzig. Die feinsten Stücke vom Reh bilden die Basis für die Klassiker der Wildküche wie Rehrücken Baden-Baden, der im Ganzen gebraten wird, oder die rosa gebratenen Filetstücke. Aus Teilen des Rehs lassen sich auch Ragouts, Pasteten oder Terrinen herstellen. Alles, was an gejagtem Wild auf den Teller kommt, ist Fleisch von gesunden Tieren und wird erst nach eingehender Prüfung durch den Jäger zum Verzehr freigegeben.

REH

REHRÜCKEN BADEN-BADEN | PREISELBEERBIRNEN | SPÄTZLE

PREISELBEERBIRNEN

300 g frische Preiselbeeren | 300 g Zucker
1 Zitrone | 1 Zimtstange | 1 Sternanis
1 Vanilleschote | 300 ml Riesling
50 g brauner Zucker | 3 große, süße Birnen

Preiselbeeren putzen, evtl. waschen und mit dem Zucker in einer Rührmaschine mit Knethaken solange ganz langsam rühren, bis sich der Zucker vollständig aufgelöst hat (etwa 40 Min.). Zitrone sehr dünn schälen und auspressen. Zitronenschale und -saft, Gewürze, Riesling und braunen Zucker aufkochen. Birnen schälen, halbieren und Kerngehäuse entfernen. Im Gewürzsud aufkochen, vom Herd nehmen und 1 Tag darin ziehen lassen. Zum Servieren mit Preiselbeeren füllen.

REHRÜCKEN

2 Rehrückenfilets (noch am Knochen)
2 Knoblauchzehen | je 2 Rosmarin- und Thymianzweige | 60 g Gewürzmischung Wald (siehe Seite 156) | Küchengarn

Backofen auf 80 °C vorheizen. Rehrücken von Fett und Sehnen befreien. Den Fleischstrang vom Rückgrat her bis auf die Rippen lösen. Knoblauch schälen, in Scheiben schneiden und mit den Kräutern auf dem Rücken verteilen. Mit Küchengarn zusammenbinden und mit der Gewürzmischung Wald würzen. Erst in einer großen Pfanne rundum anbraten und danach im Ofen 40 Min. garen.

WACHOLDER SAUCE

30 ml geklärte Butter | 200 g Wildknochen oder -abschnitte | 1 Karotte | 1 Zwiebel
1 Knoblauchzehe | 2 Staudenselleriestangen
50 ml Rotwein | 50 ml Portwein | 300 ml kräftiger Kalbsfond | 100 g Sahne
80 g Wacholderbeeren | 3 Lorbeerblätter
1 Rosmarinzweig | 10 weiße Pfefferkörner
1 EL Blütenhonig | 80 g kalte Butter
50 ml Cognac | abgeriebene Schale von 1 Zitrone | Meersalz, schwarzer Pfeffer

Geklärte Butter im Topf erhitzen, Wildknochen und -abschnitte darin anbraten. Karotte, Zwiebel, Knoblauch schälen und würfeln. Selleriestange putzen und ebenfalls würfeln. Gemüse in den Topf dazugeben, alles hellbraun anrösten.

Mit Rot- und Portwein ablöschen, kurz reduzieren und dann mit Fond und Sahne auffüllen. Wacholderbeeren andrücken und mit Lorbeer, Rosmarin, Pfefferkörnern und Honig in den Fond geben, etwa 20 Min. leicht köcheln lassen. Den Ansatz durch ein feines Sieb passieren, Butter einmixen und die Sauce mit Cognac, Zitronenschale, Meersalz und Pfeffer abschmecken.

GEMÜSE

12 Frühlingszwiebeln | 30 g Butter
30 g brauner Zucker | 50 ml Fond
500 g Pfifferlinge | 80 g Schalotten
1 Knoblauchzehe | 40 ml geklärte Butter
1 Bd. Schnittlauch | 30 ml trockener Riesling
Muskat, Meersalz, schwarzer Pfeffer

Frühlingszwiebeln mit Wurzeln putzen und waschen. Werden die Wurzeln ordentlich sauber, am Lauch lassen, denn sie sind besonders aromatisch. Im Ganzen in Butter anbraten, braunen Zucker dazugeben und karamellisieren lassen. Mit Fond ablöschen, leicht köcheln lassen und mit Muskat, Meersalz und Pfeffer abschmecken.

Pfifferlinge putzen, evtl. in kaltem Wasser waschen, anschließend gut trocken tupfen. Schalotten und Knoblauch schälen und fein würfeln. Geklärte Butter stark erhitzen, Pfifferlinge hineingeben und durchschwenken. Schalotten und Knoblauch dazugeben. Schnittlauch fein hacken und kurz vor dem Servieren unterrühren. Mit Riesling, Salz und Pfeffer abschmecken.

SPÄTZLE

125 ml Milch | 10 g Meersalz | 1 g Safran
6 Eigelb | 3 Eier | 500 g Spätzlemehl (Dunst)
80 g Butter | Muskat, Meersalz, schwarzer Pfeffer

Milch mit Meersalz und Safran aufkochen und abkühlen lassen. Eigelbe und Eier mit der Safranmilch verquirlen und durch ein feines Sieb zum Mehl geben. Den Teig mit einem Schneebesen von Hand fest aufschlagen, bis er Blasen wirft.

Teig in kochendes Salzwasser vom Brett schaben oder durch eine Presse drücken, kurz aufkochen lassen und sofort wieder herausnehmen, abkühlen lassen. Butter in einer Pfanne schmelzen, Spätzle darin durchschwenken und mit Muskat, Meersalz und Pfeffer abschmecken.

ANRICHTEN

Rehrücken auf Tellern anrichten, halbierte Birnen mit Preiselbeeren füllen und daneben setzen. Lauch, Pfifferlinge, Spätzle und die Sauce dazu reichen.

BIRNENWÜRFEL

12 Williamsbirnen | 5 g Ingwer
2 g Agar-Agar | 1 Blatt Gelatine
60 g brauner Zucker | 2 Sternanis
½ Zimtstange | 10 weiße Pfefferkörner
30 ml Honigessig | 150 ml Met (Honigwein)
10 g Honig | 2 g Stärke

Birnen schälen, vierteln, Kerngehäuse entfernen und die Viertel in exakte Würfel (3 x 3 mm) schneiden. Birnenreste und Ingwer im Entsafter zu 200 ml Saft verarbeiten. Die Hälfte des Safts mit Agar-Agar aufkochen. Gelatine einweichen, dann ausdrücken, dazugeben und unterrühren. Restlichen Saft ebenfalls dazugeben. Kleines Blech mit etwas Wasser befeuchten und mit Frischhaltefolie faltenfrei auslegen. Saft etwa 3 mm hoch hineingießen, im Kühlschrank etwa 60 Min. gelieren lassen, anschließend in Streifen schneiden.

Braunen Zucker im Topf karamellisieren, Anis, Zimt und Pfeffer dazugeben und mit Honigessig und Met ablöschen. Honig dazugeben und auflösen. Fond durch ein Sieb passieren und mit Stärke verquirlen. Noch heiß über die vorbereiteten Birnenwürfel geben und diese etwa 30 Min. ziehen lassen, dann kalt stellen.

REHNÜSSCHEN

720 g Rehnüsschen | 30 g Gewürzmischung Wald (siehe Seite 156) | 60 ml geklärte Butter
3 Rosmarinzweige

Backofen auf 75 °C vorheizen. Rehfleisch von Fett und Sehnen befreien, mit der Gewürzmischung Wald würzen und in der Butter rundherum anbraten. Mit Rosmarin in einen Bräter setzen und im Ofen etwa 50 Min. ziehen lassen. Vor dem Servieren nochmals kurz anbraten.

PREISELBEERSABAYON

500 ml Portwein | 4 Eigelb
200 g frische Preiselbeeren | 200 g Zucker
Meersalz, schwarzer Pfeffer

400 ml Portwein auf 150 ml einkochen lassen, dann den restlichen Portwein dazugeben und mit den Eigelben im heißen Wasserbad zur Rose abziehen. Preiselbeeren putzen, evtl. waschen und mit dem Zucker in einer Rührmaschine mit Knethaken solange ganz langsam rühren, bis sich der Zucker vollständig aufgelöst hat (etwa 40 Min.).

Preiselbeeren unter die Sabayon rühren, leicht anwärmen, mit Meersalz und Pfeffer abschmecken und sofort servieren.

WIRSINGBÄLLCHEN

1 großer Wirsing | 2 Schalotten
1 Knoblauchzehe | 1 Rosmarinzweig
50 g geräucherter Schinkenspeck
20 ml geklärte Butter | 200 g Sahne
50 g Crème fraîche | Muskat | 12 Schnittlauchstängel | Meersalz, schwarzer Pfeffer

Sechs große Wirsingblätter abbrechen, Strunk entfernen und die Blätter in Salzwasser blanchieren. Restlichen Wirsing ebenfalls vom Strunk befreien, in feine Streifen schneiden und kurz blanchieren. Schalotten und Knoblauch schälen, in feine Würfel schneiden, Rosmarin vom Zweig streifen, fein hacken, Schinken ebenfalls würfeln und alles in der Butter anschwitzen. Wirsingstreifen dazugeben, Sahne und Crème fraîche aufgießen, reduzieren und etwas andicken lassen. Mit Meersalz, Muskat und Pfeffer abschmecken, abkühlen lassen.

Schnittlauch kurz in Salzwasser blanchieren. Große Wirsingblätter in eine Form pressen (z.3. Schöpfkelle oder Tasse), Rahmwirsing einfüllen und Blätter einschlagen, mit jeweils 2 Schnittlauchstängeln über Kreuz zusammenbinden. In hitzebeständige Frischhaltefolie einpacken und kurz vor dem Servieren im Dämpfer oder im Backofen erwärmen.

SELLERIECANNELLONO

1 große Knollensellerie | 300 g Rotkohl (siehe Seite 138) | 50 g dunkle Schokolade

Backofen auf 80 °C vorheizen. Sellerie schälen, zunächst in dünne Scheiben, dann in Rechtecke (ca. 6 x 10 cm) schneiden. Selleriereste entsaften, den Saft erhitzen und die Sellerierechtecke darin blanchieren.

Rotkohl leicht erwärmen, Schokolade untermengen und in die Selleriestücke einrollen. Im Ofen zugedeckt nochmals erwärmen.

MAULBEEREN

10 g brauner Zucker | 60 ml Met
50 g getrocknete Maulbeeren | 30 g Butter

Braunen Zucker und Met aufkochen, Maulbeeren einlegen und etwa 30 Min. ziehen lassen. Vor dem Servieren die Butter in den Fond rühren und die Beeren damit glasieren.

ANRICHTEN

40 ml Williams-Christ-Obstbrand
eingelegte schwarze Walnüsse

Birnengelee mit Williams übergießen und erwärmen. Rehnüsschen und schwarze Walnüsse in Scheiben schneiden und gemeinsam anrichten. Wirsingbällchen, Cannellono und Birnengelee mit den Würfeln daneben setzen, Maulbeeren und Sabayon dekorativ auf den Tellern verteilen.

LAMM

OVIS ORIENTALIS ARIES

Der eigenwillige typische Geschmack von Lamm ist nicht jedermanns Sache. Dabei bietet das markante Lammfleisch eine breite Palette an Aromen; neben Rasse bestimmen dabei vor allem die Lebensumstände der Tiere den Geschmack des Fleisches. Tiere, die in Küstennähe weiden, etwa das deutsche Deichlamm oder die französischen Pauillac-Schafe, haben leicht salzige Geschmacksnuancen. Darüber hinaus spielt das Alter der Tiere eine entscheidende Rolle für die Fleischqualität. Lämmer werden geschlachtet, bevor sie zwölf Monate alt sind. Die beliebten Milchlämmer, die noch kein Grünfutter bekommen haben, müssen mindestens acht Wochen, dürfen aber nicht älter als sechs Monate sein. Ihr Fleisch ist besonders zart und hell in der Farbe. Dagegen ist das Fleisch der Mastlämmer, die bis zu einem Jahr alt sind, dunkelrosa und leicht mit Fett durchwachsen. Wer beste Qualität bekommen will, sollte schlachtfrische Ware kaufen und dabei auf die Farbe des Fleisches achten: je heller das Fleisch desto jünger das Tier.

LAMM

LAMMKARREE MIREILLE | GEMÜSE | LAMMJUS

LAMMKARREE

2 große Sisteron-Lammkarrees
300 ml Roséwein | 60 g Fenchelsamen
3 Knoblauchzehen | 50 g Gewürzmischung Wiese (siehe Seite 45) | 60 ml geklärte Butter

Lammkarrees putzen und die Abschnitte für Sauce bzw. Lammfett beiseitelegen. Roséwein mit Fenchelsamen und geschältem Knoblauch aufkochen. Abkühlen lassen und die Karrees darin etwa 4 Std. marinieren.

Karree herausnehmen und mit Küchenpapier trocken tupfen. Marinierfond für Lammfond beiseitestellen. Mit Gewürzmischung Wiese würzen und in der Butter von allen Seiten anbraten.

MARINIERTES GEMÜSE

3 große Artischocken | Saft von 1 Zitrone
3 rote Paprika | 3 große festkochende Kartoffeln | 1 Zucchini | Abschnitte und Knochen des Lammkarrees

Die Artischocken putzen und den Boden in möglichst große Schreiben schneiden.
In Zitronenwasser einlegen, damit sie nicht braun werden. Paprika schälen, Kerne und Trennwände entfernen und in Segmente teilen. Kartoffeln schälen und ebenfalls in Scheiben schneiden. Zucchini waschen und in Scheiben schneiden.

Die Abschnitte und Knochen des Lammkarrees ohne Zugabe von Fett anrösten, das austretende Lammfett durch ein feines Tuch passieren, Abschnitte und Knochen für den Fond beiseitestellen, Lammfett zum Fertigstellen verwenden.

FERTIGSTELLEN

Lammfett | 3 Thymianzweige | 1 Rosmarinzweig | 2 Knoblauchzehen | 100 ml fruchtiges Olivenöl | Salz, Pfeffer

Aus den Gemüsescheiben Kreise (Ø ca. 4 cm) ausstechen und im Lammfett anbraten, herausnehmen. Thymian, Rosmarin und geschälte Knoblauchzehen in die Pfanne geben und das Olivenöl angießen. Das Würzöl über das angebratene Gemüse geben und alles etwa 6 Std. marinieren. Danach auf Küchenpapier trocknen und als Oval in eine ofenfeste Form setzen. Mit Meersalz und Pfeffer würzen.

Dann auf das Gemüseoval in der ofenfesten Form setzen und im Ofen bei 85 °C (Umluft) etwa 30 Min. garen. Anschließend die Hitze auf 60 °C (Umluft) reduzieren und die Karrees noch 15 Min. garen, dabei immer wieder mit dem Lammfond beträufeln.

LAMMFOND MIREILLE

abgeröstete Lammknochen und -abschnitte vom Gemüse (ca. 1½ kg) | 3 Fleischtomaten
2 Knoblauchzehen | Gemüsereste vom Ausstechen | Roséwein vom Einlegen
2 l Lamm- oder Gemüsefond
3 Thymianzweige | 150 g kalte Butter

Backofen auf 200 °C vorheizen. Alle Knochen und Abschnitte im Bräter kräftig anbraten. Tomaten waschen, Knoblauch schälen. Beides mit den Gemüseabschnitten in den Bräter dazugeben, ebenfalls braun anrösten. Dann mit Roséwein ablöschen und den Fond angießen. Temperatur auf 120 °C reduzieren und etwa 60 Min. köcheln lassen. Anschließend den Fond passieren und im Topf nochmals einkochen lassen, bis ein kräftiger Lammgeschmack entsteht.

Thymianblätter vom Zweig zupfen und fein hacken. Zusammen mit der Butter unter den Fond mixen, am besten mit einem Stabmixer. Fond etwa 5 Min. ziehen lassen, kurz erwärmen, nochmals mixen und sofort servieren.

PAPILOTTES & ANRICHTEN

Alufolie | Schere | 1 rundes Holzstück (z. B. Bleistift)

Papilottes basteln: Die Alufolie in etwa 4 cm hohe Streifen falten und an einer Seite mit der Schere in kleinem Abstand mehrmals einschneiden. Die Alufolienrolle um das Holzstück wickeln, die Fransen oben etwas auseinanderbiegen.

Am besten die ofenfeste Form aus dem Ofen direkt auf den Tisch stellen, die Karrees mit der Sauce beträufeln und vor Ort tranchieren. Mit den Papilottes dekorieren.

LAMM

GEMÜSELASAGNE | GREMOLATA | PESTO | CHILISCHAUM

GEMÜSELASAGNE

1 kg Strauchtomaten | 1 Schalotte
100 g herzhafte Salami | 30 ml geklärte Butter
5 g Fenchelsamen | 5 g Agar-Agar
1 Bd. Basilikum | 200 ml Olivenöl
1 Rosmarinzweig | 1 Thymianzweig
1 Knoblauchzehe | 2 rote Paprika
1 gelbe Paprika | je 1 gelbe und grüne Zucchini
1 Aubergine | 100 g Parmesan
Salz, schwarzer Pfeffer

Tomaten waschen und grob zerkleinern. Schalotte schälen und fein schneiden, Salami grob zerkleinern. Butter erhitzen, Schalotten, Salami und Tomaten darin anschwitzen, Fenchelsamen dazugeben und die Tomatensauce zugedeckt bei schwacher Hitze etwa 40 Min. reduzieren lassen. Anschließend durch ein feines Sieb geben, Agar-Agar einrühren und alles auf 500 ml reduzieren lassen. Mit Salz und Pfeffer abschmecken.

Basilikum von den Stängeln zupfen, Blätter beiseitestellen. Olivenöl in einem Topf auf 80 °C erhitzen, Rosmarin- und Thymianzweig, geschälten Knoblauch und Basilikumstängel in das Öl geben, beiseitestellen und ziehen lassen. Backofen auf 180 °C vorheizen. Paprika waschen und im Ofen etwa 15 Min. schmoren, dann von Haut und Kernen befreien. Zucchini und Aubergine waschen, längs aufschneiden und nacheinander in etwas gewürztem Olivenöl bei schwacher Hitze anbraten. Alle Gemüse mindestens 24 Std. im restlichen Olivenöl einlegen.

Parmesan fein reiben und das Gemüse mit der Tomatensauce schichtweise in eine Form füllen, dabei Parmesan und Basilikumblätter dazwischenstreuen. Etwa 5–6 cm hoch einfüllen und 2–3 Std. kalt stellen, dann stürzen und in Scheiben schneiden.

LAMMTAFELSPITZ

3 Lammtafelspitze | 100 g schwarze Oliven
1 Knoblauchzehe | 2 Thymianzweige
1 Rosmarinzweig | 5 Basilikumblätter
50 g getrocknete Tomaten | 30 g feine Kapern
60 g geriebenes Weißbrot
Gewürzmischung Wiese (siehe Seite 45)
40 ml geklärte Butter | Lammfond

Backofen auf 90 °C vorheizen. Tafelspitz von Fett und Sehnen befreien. Von der breiten Seite her mit dem Messer eine Tasche einschneiden. Oliven entkernen, Knoblauch schälen und Thymian, Rosmarin und Basilikum von den Zweigen zupfen. Alles fein hacken, mit Tomaten und Kapern fein pürieren. Weißbrotbrösel unterrühren und die Masse mit einem Spritzbeutel in den Tafelspitz füllen, ggf. mit Zahnstocher fixieren.

Tafelspitz mit der Gewürzmischung Wiese würzen. In einem Bräter in der Butter anbraten und im Ofen 30 Min. garen. Dann die Temperatur auf 60 °C reduzieren, etwas Lammfond angießen und das Fleisch im Ofen in weiteren 60 Min. fertig garen.

GEFÜLLTE POWERADEN

10 Powerade-Artischocken
50 ml trockener Riesling | 10 Pfefferkörner
5 Wacholderbeeren | 3 Lorbeerblätter
100 ml Kräuteressig | 50 g Meersalz
3 Knoblauchzehen | 30 g Parmesan
1 Rosmarinzweig | 40 g Walnusskerne
2 Eigelb | 100 g Ziegenquark
1 große Kartoffel | 3 Toastbrotscheiben
50 g glatte Petersilie | 50 g frisches Basilikum
50 g Mehl | 2 Eier | Fett zum Ausbacken
Salz, schwarzer Pfeffer

Die Poweraden von Blättern befreien, Flaum herausnehmen und alle dunkelgrünen Stellen (auch solche am Stiel) vorsichtig abschälen. Riesling mit Pfeffer, Wacholder, Lorbeer, Kräuteressig, Meersalz und geschältem Knoblauch aufkochen. Geputzte Poweraden einlegen, erneut aufkochen und zugedeckt etwa 10 Min. ziehen lassen. Poweraden herausnehmen und abkühlen lassen.

Parmesan reiben, Rosmarin von den Zweigen zupfen, fein hacken. Walnüsse hacken und mit Eigelben und Ziegenquark vermengen. Kartoffel schälen, dünn aufschneiden, mit einem Ausstecher Scheiben in der Größe des Poweradenbodens ausstechen. Poweraden mit Quarkmasse füllen, mit Kartoffelscheiben verschließen. Toastbrotscheiben entrinden und mit Petersilie und Basilikum im Mixer fein zerkleinern. Poweraden mit Mehl, Eiern und Kräuterbröseln panieren und im heißen Fett bei 180 °C jeweils etwa 3 Min. ausbacken.

KICHERERBSENPANIS

300 g getrocknete Kichererbsen
1 Knoblauchzehe | 2 Rosmarinzweige
80 g Sahne | 3 Schalotten | 80 g Kartoffeln
60 ml geklärte Butter | 200 ml Geflügelfond
2 Eier | 60 g Mehl | Meersalz, schwarzer Pfeffer

Kichererbsen über Nacht in reichlich Wasser einweichen. Knoblauch schälen und andrücken, mit Rosmarin in der Sahne aufkochen, vom Herd nehmen und etwa 30 Min. ziehen lassen. Anschließend durch ein Sieb abgießen.

Schalotten schälen und fein würfeln, Kartoffeln schälen und grob zerteilen, mit den Kichererbsen in etwas geklärter Butter anbraten. Nach und nach den Fond angießen und alles weich kochen.

Masse pürieren und durch ein Sieb streichen. Eier trennen, Eigelbe mit Mehl, Kichererbsenmasse und Rosmarinsahne vermengen, Eiweiße aufschlagen und unterheben. Masse in der beschichteten Pfanne mit der restlichen Butter ausbacken, anschließend in 4 x 7 cm große Stücke schneiden.

ANRICHTEN

150 g Bronzefenchel | Lammfond

Bronzefenchel zupfen. Den Lammrücken quer aufschneiden und auf das Panis setzen, mit Bronzefenchel dekorieren. Poweraden anschneiden und daneben setzen, das Lammschwanz-Törtchen dazusetzen. Etwas Lammfond darum herumträufeln.

KALB

BOS PRIMIGENIUS TAURUS

Kalbfleisch genießt unter Feinschmeckern eine besondere Wertschätzung, es gilt als fein und zart im Geschmack. Doch das feinfaserige, helle Fleisch junger Kälber, die bis zur Schlachtung nur wenig Muskelmasse aufgebaut haben, ist auch im Hinblick auf eine gesunde Ernährung interessant, denn es enthält viel Eiweiß, aber nur wenig Fett. Geschlachtet werden die Tiere im Alter von drei bis vier Monaten, die besten Stücke stammen aus der mageren und kurzfaserigen Oberschale. Neben dem saftigen Kalbsfilet werden auch Kalbstafelspitz, Kalbslendensteaks, Kalbsnierchen und die herzhaften und im Geschmack kräftigen Kalbskoteletts mit angehängtem Knochen, der beim Braten zusätzlich Aroma abgibt, immer beliebter. Das berühmte und einzig echte Wiener Schnitzel wird aus einem dünnen, mageren Kalbsschnitzel goldgelb und knusprig gebraten. Als besondere Spezialität gilt auch das Kalbsbries, die Wachstumsdrüse des Kalbes.

KALB

GEBACKENER KALBSKOPF | SAUCE REMOULADE

KRÄUTERBRÖSEL

14 Scheiben Toastbrot
200 g frische gemischte Kräuter (Estragon, Kerbel, Basilikum, Liebstöckel, Petersilie)
Meersalz

Toastbrote von der Rinde befreien. Kräuter waschen, trocken tupfen und von den Stängeln zupfen. Toast mit den Kräutern im Cutter oder Blitzhacker fein mixen. Mit Meersalz abschmecken.

KALBSKOPFPRALINE

1 Kalbskopf mit Zunge | 1 Bd. glatte Petersilie
1 Bd. Estragon | 4 Karotten | 2 Zwiebeln
30 Pfefferkörner | 10 Wacholderbeeren
5 Nelken | 5 Lorbeerblätter | 5 Pimentkörner
10 g Pökelsalz | 2 Zitronen | 200 ml Weißweinessig | 300 ml Kalbsfond | Kräuteressig
Ei, Mehl und Kräuterbrösel zum Panieren
Meersalz, schwarzer Pfeffer

Den Kalbskopf gründlich waschen, von allen Haaren (am besten mit einem kleinem Brenner) und Drüsen befreien. Petersilie und Estragon waschen, Blätter von den Stängeln zupfen und fein hacken. Karotten schälen (Schalen aufheben), in kleine Würfel schneiden und blanchieren. Die Abschnitte der Karotte sowie die geschälten Zwiebeln grob zerkleinern.

Gemüse mit dem Kalbskopf und den Gewürzen sowie dem Pökelsalz in einen Topf geben, gut mit Wasser bedecken. Zitrone schälen und die Schale dazugeben. Essig zugießen, alles aufkochen und etwa 2 Std. simmern lassen. Immer wieder den Schaum abnehmen.

Wenn der Kalbskopf weich ist, herausnehmen und auf einem Blech leicht auskühlen lassen. Alles in Würfel schneiden, mit gehackten Kräutern, Karottenwürfeln und Kalbsfond mischen. Die Masse mit Pfeffer, Meersalz und Kräuteressig kräftig abschmecken und in eine Form füllen. Wenn sie kalt ist, lässt sie sich gut schneiden und mit Ei, Mehl und Kräuterbröseln panieren.

SAUCE REMOULADE

3 Eigelb | 10 g Senf | 1 EL Estragonessig
200 ml Maiskeimöl | 5 Essiggurken
6 Schalotten | 3 Eier
20 g Sardellen (in Öl eingelegt)
50 g feine Kapern | 200 g Crème fraîche
1 Bd. glatte Petersilie | Zitronensaft
Meersalz, weißer Pfeffer

Eigelbe in eine Metallschüssel geben, Senf und Estragonessig unterrühren. Nun das Öl tröpfchenweise unter starken Rühren einlaufen lassen, bis eine Mayonnaise entstanden ist. Essiggurke und Schalotten schälen und in feine Würfel schneiden. Die Eier 10 Min. hart kochen und ebenfalls klein schneiden. Sardellen und Kapern fein hacken. Alle Zutaten mit der Mayonnaise vermengen und die Remouladensauce mit Zitronensaft, Meersalz und Pfeffer abschmecken.

KARTOFFELN

10 neue Kartoffeln | 1 Lorbeerblatt
1 Knoblauchzehe | 1 Zitrone
1 Bd. Schnittlauch | 50 g Butter
50 g Kapern | Meersalz

Die Kartoffeln mit einem Turniermesser in Form bringen. Wasser mit Meersalz, Lorbeer und geschälter Knoblauchzehe aufkochen, Kartoffeln einlegen und darin weich garen.

Zitrone filetieren und Filets in Würfel schneiden, Schnittlauch waschen und schneiden. Butter in einem Topf zerlassen, Zitrone und Schnittlauch mit Kapern dazugeben. Kurz vor dem Servieren die Kartoffeln durch die Buttermischung ziehen.

ANRICHTEN

glatte Petersilie | Eigelb | Frittierfett

Die panierte Kalbskopfpralinen in 180 °C heißem Frittierfett ausbacken und jeweils eine Ecke abschneiden, die Praline sollte im Inneren noch leicht cremig sein. Kartoffeln mit der Buttermischung und die Sauce Remoulade auf den Tellern verteilen. Nach Belieben mit glatter Petersilie und Eigelb garnieren.

KALB

FRANKFURTER GRÜNE SAUCE | NUSSBUTTER | WACHTELEI | GAMBERETTI

KALBSRÜCKENBRATEN

600 g schierer Kalbsrücken (ohne Fett, Sehnen und Knochen, vom dicken Ende)
50 ml geklärte Butter | 3 Knoblauchzehen
1 Rosmarinzweig | 1 Thymianzweig
40 g Gewürzmischung Wiese (siehe Seite 45)

Kalbsrücken in der Butter bei starker Hitze rundum anbraten. Knoblauch schälen und grob zerkleinern, Kräuter von den Stielen zupfen. Alles zusammen auf ein Blech geben und bei 85 °C Umluft etwa 50 Min. im Ofen garen. Dann auf Ober-Unterhitze umschalten und das Fleisch weitere 25 Min. bei 55 °C im Ofen ruhen lassen. Fleisch bei Raumtemperatur abkühlen lassen und in dünne Scheiben schneiden.

EIGELB & EIWEISS

6 gekochte Eigelb | 10 ml Gin
30 ml Nussbutter | 6 gekochte Eiweiß
10 ml Kräuteressig | Muskat, Meersalz

Eigelb durch ein feines Sieb streichen, mit Gin und Nussbutter (im Topf leicht gebratene Butter) glatt rühren. Mit Salz und Muskat abschmecken.
Eiweiß mit langen Zügen durch ein Sieb streichen, vorsichtig abnehmen und mit Essig und Meersalz beträufeln.

NUSSBUTTERCHIPS

6 hauchdünne Scheiben Sauerteigbrot
200 g Butter | Meersalz

Die Brotscheiben zu Kreisen (Ø ca. 3 cm) ausstechen und in etwas Butter anbraten. Die restliche Butter im Topf nussig werden lassen, durch ein feines Tuch geben und erkalten lassen. Dann die Nussbutter mit einem Schneebesen cremig aufschlagen und mit einem Spritzbeutel auf die Brotchips dressieren, mit Meersalz bestreuen.

WACHTELEI

12 Wachteleier | 20 ml Essig | 1 Ei
50 g Mehl | 100 g Kräuterbrösel (siehe Seite 180) | Frittierfett

Die Wachteleier im kochendem Wasser mit etwas Essig 1 Min. 40 Sekunden kochen, kalt abschrecken und schälen.

Mit dem Ei, Mehl und Kräuterbröseln panieren und bei 180 °C im Frittierfett etwa 20 Sekunden backen, sofort servieren.

ROTE GAMBERETTI

6 Gamberetti | 30 ml geklärte Butter
2 Knoblauchzehen | 1 Thymianzweig
20 g frische Butter | Piment d'Espelette
Zitronensaft | Meersalz

Die Gamberetti in der Schale in der geklärten Butter auf beiden Seiten anbraten. Knoblauch schälen und mit Thymian und Butter dazugeben. Die Schale von den Gamberetti lösen und das Fleisch mit Piment d'Espelette, Zitronensaft und Meersalz würzen.

FRANKFURTER SAUCE

1 Bd. Frankfurter Kräuter | 250 g Schmand
100 g Crème fraîche | 2 Eier
Zitronensaft | Meersalz, Pfeffer

Die Kräuter waschen und die Blätter von den Stängeln zupfen. Die Hälfte der Kräuter mit Schmand und Crème fraîche im Mixer fein pürieren. Den Rest fein hacken und zur gemixten Sauce geben. Eier hart kochen, ebenfalls fein hacken und dazugeben. Die Sauce mit Salz, Pfeffer und Zitronensaft abschmecken.

ANRICHTEN

glatte Petersilie | Kirschtomaten | Kaviar

Gamberetti jeweils in die Mitte der Teller geben, die Kalbsfleischscheiben leicht einrollen und daneben setzen. Grüne Sauce auf dem Teller verteilen, ebenso Eigelbcreme, Eiweißschnee und Nussbutterchips. Nach Belieben mit Petersilie und halbierten Kirschtomaten dekorieren und noch etwas Kaviar verwenden.

KALB

TON | SPECKSABAYON | TRÜFFELKARTOFFELN

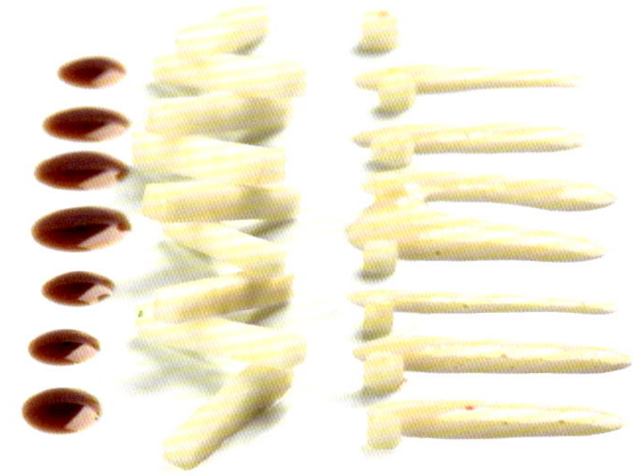

KALB IN TON

300 g Mittelstück vom Kalbsfilet
50 ml geklärte Butter | 150 g Lardo (alternativ grüner Speck) | 1,2 kg Ton (aus dem Bastelladen) | Salz, weißer Pfeffer

Backofen auf 220 °C vorheizen. Kalbsfilet von Fett und Sehnen befreien, mit Salz und Pfeffer würzen und in Butter anbraten. Lardo dünn aufschneiden, ausbreiten und das Kalbsfilet darin einrollen. Ton etwa 1 cm dick ausrollen und das Filet darin einschlagen. Die Kanten fest zusammendrücken und mit nassen Händen glatt streichen.

Im Ofen 10 Min. backen, Temperatur auf 60 °C reduzieren und weitere 30 Min. im Ofen ruhen lassen. Zum Servieren den Ton mit einem schweren Messer aufschlagen und den Speck entfernen.

BIRNE & SPECKSABAYON

6 Williamsbirnen | 30 g Zucker
30 g Parmaschinken | 3 Eigelb
50 ml trockener Sekt | Salz, schwarzer Pfeffer

Williamsbirnen schälen und entkernen. Exakte Stifte und Würfel ausschneiden und beiseitestellen. Birnenreste im Entsafter auspressen. Etwa 100 ml davon abnehmen und mit Zucker und Parmaschinken aufkochen. 15 Min. ziehen lassen, passieren und im Wasserbad mit Eigelben, restlichem Birnensaft und dem Sekt cremig aufschlagen. Mit Salz und Pfeffer abschmecken.

TRÜFFELKARTOFFELN

350 g violette Trüffelkartoffeln
10 g Kümmel | 20 g Kräuteressig
2 Knoblauchzehen | 1 Lorbeerblatt
1 Rosmarinzweig | 2 Schalotten
40 g Butter | Muskat, Salz, schwarzer Pfeffer

Ungeschälte Kartoffeln im Salzwasser mit Kümmel, Essig, geschältem Knoblauch, Lorbeer und Rosmarin etwa 15 Min. weich kochen, abgießen, pellen. Schalotten schälen, in feine Würfel schneiden und mit den Kartoffeln in der zerlassenen Butter schwenken. Mit Salz, Pfeffer und Muskat abschmecken.

ZUCKERSCHOTENPÜREE

150 g Zuckerschoten | 400 g feine Erbsen
120 g Butter | Muskat, Meersalz

Zuckerschoten putzen, in Salzwasser blanchieren, längs halbieren und in gebutterte Ringe setzen. Erbsen im Salzwasser blanchieren und noch heiß mit der restlichen Butter pürieren. Durch ein feines Sieb streichen, mit Muskat und Meersalz abschmecken. Im Topf warm rühren und in den Ring füllen.

ANRICHTEN

30 g Gewürzmischung Wiese (siehe Seite 45)
200 ml Kalbsfond

Fleisch mit der Gewürzmischung Wiese würzen und in Scheiben schneiden. Specksabayon ansetzen, etwas Fond angießen, Birnenwürfel und -stifte, Zuckererbsenpüree und violette Kartoffeln aufsetzen.

RIND

BOS PRIMIGENIUS TAURUS

Rindfleisch gibt es weltweit in vielen Varianten, doch fast alle Rinderrassen gehen auf den Ur- oder Auerochsen zurück. Gutes und qualitativ hochwertiges, weil gleichmäßig marmoriertes Rindfleisch kauft man am besten beim Metzger seines Vertrauens. Doch das Geheimnis des guten Fleischgeschmacks liegt vor allem in der Zubereitung und der Wahl der richtigen und passenden Garmethode. Die mit Muskeln durchsetzten Partien wie Brust, Flanke oder Nacken müssen, um zart und weich zu werden, bei niedriger Temperatur relativ lange garen und eignen sich entsprechend auch zum langsamen Schmoren. Rücken, Hüfte und die wertvollen Filetstücke, die etwas weniger Eigengeschmack mitbringen, aber in der Konsistenz zarter sind, können dagegen kurzgebraten oder gegrillt werden. Hierbei sollte zunächst die Gartemperatur hoch angesetzt sein, damit sich die Poren schließen und der wertvolle Fleischsaft nicht verloren geht. „Blutig", „well-done" oder „durchgebraten": Beim Rumpsteak oder Filetstück bleibt die Garzeit am Ende Geschmacksache.

RIND

BŒUF À LA MODE | SPECK | GEMÜSE

EINGELEGTES FLEISCH

2½ kg Entrecôte | 60 g Gewürzmischung Wiese (siehe Seite 45) | 200 g Wurzelgemüse
700 ml trockener Burgunder | 80 ml Cognac
½ Muskatnuss

Das Fleisch mit der Gewürzmischung Wiese einreiben, mit dem gewürfelten Gemüse und Rotwein, Cognac und geriebener Muskatnuss mindestens 8 Std. marinieren.

EINGELEGTER SPECK

300 g Lardo (alternativ grüner Speck)
2 Stängel glatte Petersilie
10 g Gewürzmischung Wiese (siehe Seite 45)
60 ml Cognac

Den Speck in dünne Scheiben schneiden. Petersilie waschen, hacken und mit der Gewürzmischung Wiese und dem Cognac zum Speck geben. Mindestens 40 Min. marinieren lassen.

RINDFLEISCH

2½ kg mariniertes Entrecôte (siehe links)
200 g eingelegter Lardo (siehe links)
60 ml geklärte Butter | 3 Kalbsfüße
2 l kräftiger Rinderfond

Backofen auf 110 °C vorheizen. Das eingelegte Rindfleisch mit dem eingelegten Speck spicken und in heißer Butter im Bräter anbraten. Kalbsfüße dazugeben und ebenfalls anbräunen, den Einlegefond und den Rinderfond angießen und im Ofen 2½ Std. schmoren.

GEMÜSE

600 g Perlzwiebeln | 300 g Kartoffeln
400 g Mini-Karotten | 20 g brauner Zucker
60 g Butter | 50 g Mehl

Das Gemüse schälen und putzen, Kartoffeln schälen und in 1 cm große Würfel schneiden, Zwiebeln und Karotten ganz lassen. Braunen Zucker im Topf karamellisieren, Butter dazugeben, schmelzen lassen und Mehl einsieben. Gemüse dazugeben und mit dem Bratensaft vom Rindfleisch ablöschen, Fleisch auf das Gemüse setzen und noch etwa 30 Min. leicht köcheln lassen.

ANRICHTEN

glatte Petersilie

Rindfleisch gegen die Faser in Scheiben schneiden und auf Teller setzen. Gemüse daneben anrichten, evtl. einige Lardostreifen aufsetzen, alles mit der Sauce kräftig beträufeln und mit glatter Petersilien garnieren.

RIND

SOJAMOST | BULGUR | ZUCKERSCHOTEN

RINDERFILET

½ TL Quatre-épices | 6 Sternanis
3 Zimtstangen | 40 g Zucker
150 g Ketjap Manis | 100 ml Sojasauce
50 ml Reisessig | 3 g Szechuanpfeffer
800 g Rinderfilet (Mittelstück)

Alle Zutaten (bis auf das Filet) mit 500 ml Wasser aufkochen, Hitze reduzieren und den Sud 60 Min. ziehen lassen. Auf etwa 80 °C erhitzen, Rinderfilet hineinsetzen und 40 Min. bei 80 °C ziehen lassen.

SOJAMOSTBULGUR

250 g Bulgur | 1 Knoblauchzehe | 1 Schalotte
20 ml geklärte Butter | 500 ml Rinderfond
50 g Sojamost (als Paste) | 30 ml Limettensaft
weißer Pfeffer

Bulgur unter kaltem Wasser waschen. Knoblauch und Schalotte schälen, fein würfeln und mit Bulgur in der Butter anschwitzen. Nach und nach Fond angießen und den Bulgur weich garen. Sojamost dazugeben, mit Limettensaft und Pfeffer abschmecken, nicht salzen.

ZUCKERSCHOTENSALAT

1 Knoblauchzehe | 25 g brauner Zucker
3 g Zitronensaft | 3 g japanische Fischsauce
100 g Sweet-Chili-Sauce | 5 g geröstetes
Sesamöl | 300 g Zuckerschoten | 10 Schnittlauchstängel

Knoblauch schälen und hacken und mit den restlichen Zutaten (bis auf Zuckerschoten und Schnittlauch) aufkochen. Braunen Zucker unter Rühren auflösen, Sud vom Herd nehmen und abkühlen lassen.

Zuckerschoten waschen und in feine Streifen schneiden, Schnittlauch blanchieren. Zuckerschoten im Sud marinieren, mit dem Schnittlauch zu Bündeln binden und lauwarm servieren.

ANRICHTEN

geklärte Butter | 1 TL gefriergetrocknete
Sojasauce | Kresse

Rinderfilet aus dem Sud nehmen, leicht mit Küchenpapier trocken tupfen. Rundum kurz in geklärter Butter anbraten und in Scheiben schneiden. Bulgur mit einem Ausstecher plazieren und mit Sojakristall und Kräutern bestreuen, Zuckerschoten aufritzen und etwas exotischen Sud auf die Teller träufeln.
Mit Kresse garnieren.

RIND

PERLZWIEBELN | APFEL | KARTOFFELSCHNEE | PFEFFERSCHAUM

PERLZWIEBELN

300 g Perlzwiebeln | 70 g brauner Zucker 80 ml Kräuteressig | je 1 Rosmarin- und Thymianzweig | 15 g Meersalz | 15 Pfefferkörner 5 Wacholderbeeren | abgeriebene Schale von 1 Zitrone | 2 Lorbeerblätter | 100 g Tempuramehl | 4 g Salz | 30 g Eiweiß | 500 ml Maiskeimöl zum Frittieren

Perlzwiebeln schälen. Zucker im Topf karamellisieren, mit Kräuteressig ablöschen. Zwiebeln, Rosmarin- und Thymianzweig, Meersalz, Pfeffer, Wacholder, Zitronenschale und Lorbeer dazugeben. Etwa 10 Min. leicht köcheln, dann in ein Glas füllen und verschrauben. Perlzwiebeln im Glas etwa 1 Woche marinieren lassen.

Tempuramehl mit Salz, Eiweißen und 200 ml Wasser vermengen. Zwiebeln aus dem Sud nehmen, durch den Teig ziehen und in heißem Frittierfett jeweils etwa 2 Min. ausbacken.

APFELSCHEIBEN

4 Äpfel (z. B. Granny Smith) | 100 g brauner Zucker | 200 ml Apfelsaft | 1 Sternanis 1 Zimtstange | 1 Bohnenkrautzweig

Äpfel schälen und in 3–4 mm dicke Scheiben schneiden. Mit einem Ausstecher die Kerne entfernen. Zucker im Topf karamellisieren, mit Apfelsaft ablöschen. Anis, Zimt, Bohnenkraut und Apfelscheiben dazugeben, aufkochen und vom Herd nehmen, im Kühlschrank etwa 12 Std. ziehen lassen.

NIERENZAPFEN

900 g Nierenzapfen | 50 g Gewürzmischung Wiese (siehe Seite 45) | 30 ml geklärte Butter 2 Rosmarinzweige | 2 Thymianzweige

Backofen auf 85 °C vorheizen. Nierenzapfen mit der Gewürzmischung bestreuen und in Butter scharf anbraten. Ein Blech mit den Kräutern auslegen, Nierenzapfen daraufsetzen und im Ofen auf eine Kerntemperatur von 54 °C garen. Dann Backofentemperatur auf 55 °C reduzieren und Nierenzapfen weitere 6 Std. ruhen lassen.

INNEREI

GEFÜLLTER SAUMAGEN | BRIES | NIERE | SENFSAUCE

SENFSAUCE

20 g brauner Zucker | 30 ml Honigessig
300 ml Kalbsfond | 80 g körniger Dijonsenf
80 g kalte Butter

Braunen Zucker im Topf karamellisieren lassen und mit Essig ablöschen. Den Kalbsfond dazugeben und alles einmal aufkochen. Dijonsenf und Butterflocken mit dem Stabmixer unterrühren.

SAUMAGEN

1 großer Saumagen (ca. 500 g) | Meersalz
1–2 EL Gewürzmischung Wiese (siehe Seite 45) | 1 Kalbsniere | 500 g Kalbsbries
1–2 EL Gewürzmischung Wiese (siehe Seite 45)
50 ml geklärte Butter | Senfsauce (siehe links)
50 cm Schnur

Den Saumagen von innen nach außen wenden und kräftig mit Meersalz abreiben, bis er komplett sauber ist, und unter fließenden Wasser waschen, Vorgang evtl. wiederholen. Saumagen wieder wenden und alle Ausgänge bis auf den größten mit der Schnur abbinden. Von außen großzügig mit der Gewürzmischung Wiese würzen.

Backofen auf 200 °C vorheizen. Die Kalbsniere vom Fett befreien und die äußere Haut abziehen. Bries ebenfalls von den Häutchen befreien. Beides waschen, mit der Gewürzmischung Wiese würzen und in der Butter braun anbraten. Mit der Senfsauce in den Magen füllen und etwas Luft hineinblasen, dann sofort zubinden und im Ofen etwa 45 Min. garen.

KARTOFFEL-SPECK-PÜREE

200 g Schweinebauch (Bauchspeck, gepökelt und gekocht) | 500 g mehligkochende Kartoffeln | 150 g Sahne | 50 g Butter | Muskat Meersalz, Pfeffer

Schweinebauch in feine Würfel schneiden, in der Pfanne zerlassen, kräftig anrösten und durch ein Sieb geben, dabei das Fett auffangen. Die Kartoffeln schälen und im Salzwasser weich kochen. Abgießen, kurz ausdampfen lassen. Sahne, Butter und Speckfett dazugeben und alles mit dem Kartoffelstampfer zu einer homogenen Masse kneten. Den gerösteten Speck dazugeben und das Püree mit Meersalz, Pfeffer und Muskat abschmecken.

GEMÜSE

20 g wilder Spargel | 1 Knollensellerie
12 Mini-Karotten | 12 Frühlingszwiebeln
30 g Butter | 20 g Puderzucker
100 ml Geflügelfond | Meersalz, Pfeffer

Wilden Spargel waschen, Knollensellerie schälen und in kleine Stücke schneiden, Mini-Karotten schälen. Frühlingszwiebeln putzen und zurechtschneiden.

Alles in der Butter anbraten, Puderzucker dazugeben und mit dem Fond ablöschen. Wenn der Fond dickflüssig wird, mit Meersalz und Pfeffer abschmecken.

ANRICHTEN

Den Saumagen auf eine Platte setzen und am Tisch aufschneiden. Die Beilagen auf Teller verteilen und Sauce, Bries und Niere dazusetzen.

INNEREI

KUTTELLASAGNE | FROSCHSCHENKEL| BOHNEN

FROSCHSCHENKELRAGOUT

12 Froschschenkel | 1 Karotte
½ Knollensellerie | 1 junge Knoblauchzehe
30 ml geklärte Butter | 200 g Crème fraîche
2 EL Weißweinessig | 1 Majoranzweig
Meersalz, Pfeffer

Froschschenkel am besten immer original auf der Stange kaufen. Das Rückrat herausschneiden und den Knochen des fleischigen Teils der Keule lösen. Die Keule überstülpen und den zweiten Knochen abtrennen. Die Hälfte der Keulen zum Anrichten beiseitestellen.

Die restlichen Keulen vom Knochen befreien und in Würfel schneiden. Karotte, Sellerie und Knoblauch schälen und in feinste Würfel schneiden. Butter erhitzen, Froschschenkel mit Meersalz und Pfeffer würzen und in der Butter kurz anbraten. Dann Karotte, Sellerie und Knoblauch dazugeben.

Mit Essig ablöschen, Crème fraîche dazugeben, Majoran einlegen, alles aufkochen und etwa 5 Min. ziehen lassen, Majoran herausnehmen.

FROSCHTÖRTCHEN

200 g Froschschenkelfleisch
50 g Perlhuhnbrust | 100 g eiskalte Sahne
30 g Eiweiß | 1 Karotte | 1 Staudenselleriestange | 1 Knoblauchzehe | 1 Rosmarinzweig
1 Thymianzweig | 10 ml geklärte Butter
40 g weiche Butter | Meersalz, Pfeffer

Froschschenkelfleisch und Perlhuhnbrust grob mit dem Messer zerteilen. Mit der Sahne und dem Eiweiß im Cutter oder Blitzhacker zu einer Farce verarbeiten. Masse durch ein Sieb streichen und mit Meersalz und Pfeffer abschmecken.

Karotte, Sellerie und Knoblauch putzen bzw. schälen und in feinste Würfel schneiden, Thymian und Rosmarin von den Zweigen zupfen und fein hacken. Alles in geklärter Butter anschwitzen und zur Farce geben. Sechs Förmchen (etwa so groß wie eine Espressotasse) mit weicher Butter ausstreichen. Froschfarce hineingeben und die Form damit ausgleiten. Etwa 200 g Froschschenkelragout auf die Förmchen verteilen und mit der restlichen Froschfarce verschließen. Im Dampf bei 80 °C etwa 16 Min. garen. Die Törtchen stürzen und direkt servieren.

BOHNEN

400 g grüne Bohnen | 1 Bohnenkrautzweig
30 g Butter | 100 ml Froschsauce vom Ragout
Salz

Die Bohnen waschen, längs halbieren und Kerne entfernen. Die Bohnenhälften in feine Streifen schneiden und mit Bohnenkraut im Salzwasser blanchieren. Herausnehmen, abschrecken und abtropfen lassen. In Butter anschwitzen und Froschsauce angießen.

KUTTELLASAGNE

300 g Nudelteig (siehe Seite 30) | 3 kg Kalbskutteln | 2 gespickte Zwiebeln (mit Lorbeer und Nelke) | 10 ml Estragonessig | 2 kg reife Tomaten | 3 Knoblauchzehen | 2 Zwiebeln
1 Staudenselleriestange | 1 rote Chilischote
3 g Stärke | Meersalz, Pfeffer

Den Nudelteig dünn ausrollen, in Salzwasser kochen und rechteckig ausschneiden.
Kutteln kräftig wässern und die groben Stücke herausschneiden. Die Kutteln im Wasser mit Spickzwiebeln und Essig 40 Min. kochen. Einen neuen Wasseransatz machen und die Kutteln darin fertig garen. Die Kutteln aus dem Sud nehmen, abkühlen lassen und in feine Streifen bzw. Würfel schneiden.

Von 500 g Tomaten die Haut abziehen und das Fruchtfleisch ohne Kerngehäuse in Würfel schneiden. Restliche Tomaten waschen, grob zerkleinern. Mit den Tomatenabschnitten in einem Topf zum Kochen bringen und bei schwacher Hitze einkochen lassen. Knoblauch, Zwiebeln, Sellerie, Chilischote entkernen und putzen, grob zerkleinern und nach etwa 30 Min. Kochzeit zum Tomatenfond geben.

Nochmals 30 Min. kochen, dann Stärke dazugeben und alles kräftig durchmixen. Den Fond durch ein Sieb geben und mit den Kutteln und den Tomatenwürfeln mischen, mit Salz und Pfeffer abschmecken.

Die Kutteln mit dem Nudelteig abwechselnd in kleine Formen schichten und heiß servieren. Pikant abgeschmeckt sind die Kutteln Milanese übrigens mit einem lockeren Semmelknödel ein Gedicht!

ANRICHTEN

12 Froschschenkelkeulen | 40 ml geklärte Butter | Froschsauce vom Ragout

Die Froschschenkel in Butter anbraten. Die Lasagne mit der Form umsetzen und auf den Tellern abziehen, Törtchen anschneiden und Bohnen auf die Teller setzen, Froschschenkel und Froschsauce dazugeben.

INNEREI

KALBSHERZ | PONZU | ERBSEN |MINZE | SESAM

PONZU & KALBSHERZ

200 ml Mirin | 10 cm Kombu-Algen
200 ml Sojasauce (3 Jahre alt)
80 ml Zitronensaft | 1 Kalbsherz
20 g Butter | Kalbsfond nach Bedarf

Für den Ponzu Mirin aufkochen und leicht reduzieren lassen. Die Algen waschen, trocken tupfen und mit Sojasauce und Zitronensaft dazugeben. Auf 80 °C erhitzen und 30 Min. ziehen lassen. Ponzu-Sud passieren und nochmals auf 80 °C erhitzen. Kalbsherz von Fett und Sehnen befreien. In vier Teile schneiden und etwa 25 Min. im Ponzu-Sud pochieren lassen. Herausnehmen und in der Butter nachbraten, dann dünn aufschneiden. Kalbsfond 1:1 mit dem Ponzu-Sud vermengen, aufkochen und als Sauce verwenden.

BOHNEN & ERBSEN

300 g feine Erbsen | 120 g Butter
1 Bd. Pfefferminze | 200 g Nadelbohnen (ersatzweise grüne Bohnen) | 50 g Zuckerschoten
Salz, weißer Pfeffer

Die Erbsen in Salzwasser weich kochen, aus dem Wasser nehmen und abtropfen lassen. Mit 100 g der Butter noch warm im Küchenmixer oder mit dem Stabmixer pürieren. Die Minze waschen, zupfen und ebenfalls untermixen, das Püree durch ein feines Sieb streichen und mit Salz und Pfeffer abschmecken. Die Nadelbohnen und die Zuckerschoten zurechtschneiden, in der restlichen Butter knackig anschwitzen und abschmecken.

SESAMKARTOFFELCHIP

1 große Kartoffel | 150 g gerösteter Sesam
100 ml Sojasauce (5 Jahre alt)
75 g brauner Zucker | 5 g gefriergetrocknete Sojasauce (nach Belieben)

Kartoffel waschen, schälen und in dünne Scheiben schneiden. Kartoffelscheiben in Tropfenform ausstechen, zwischen zwei Backpapierblätter legen und mit einem Topf beschwert in der Pfanne bei mittlerer Hitze goldbraun ausbacken.

100 g Sesam mit der Sojasauce und dem Zucker im Küchenmixer pürieren, zum Schluss den restlichen Sesam unterrühren. Die Sesamcreme auf den Kartoffelchip setzen und (nach Belieben) mit gefriergetrockneter Sojasauce bestreuen.

ANRICHTEN

Minze | Erbsenkresse

Die Bohnen auf Tellern sorgfältig zu einem Bett auslegen, das Erbsenpüree in die Zwischenräume füllen und mit den Zuckerschoten garnieren. Die Kalbsherzscheiben darauflegen und die Kartoffelchips mit der Sesamcreme aufsetzen. Mit Minze und Erbsenkresse garnieren und den Ponzu-Sud außen herumträufeln.

ERD BEE RE

FRAGARIA

Der sprichwörtliche rote Erdbeermund ist ein schönes Sinnbild für die unwiderstehliche Anziehungskraft der kleinen aromatischen Frucht, die als „Königin der Beerenfrüchte" gilt. In Deutschland erstmals Ende des 19. Jahrhunderts gezüchtet, gibt es mittlerweile weltweit Unmengen von Sorten, die durch Importe aus dem Ausland zu allen Jahreszeiten zur Verfügung stehen. Doch frische Erdbeeren aus dem heimischen Garten oder vom Markt sind geschmacklich unübertroffen und werden in unseren Breiten in der Zeit von Mai bis Juli geerntet. Allerdings ist eine tiefrote Farbe kein Garant für Frische und Geschmack, vor dem Kauf die Erdbeeren also unbedingt probieren. Und da Erdbeeren besonders druckempfindlich und leicht verderblich sind, sollte man sie auf Druckstellen untersuchen und von überreifen Früchten die Finger lassen. Sind die Erdbeeren wirklich frisch, müssen sie relativ schnell gegessen oder verarbeitet werden.

ERDBEERE

RUMTOPF | BEEREN | ZWETSCHGEN | GEWÜRZE

ANSATZ

Erbeeren | brauner Kandis | weißer und brauner Zucker | Strohrum (80 Vol.-%)

Erdbeeren waschen, halbieren, in ein großes verschließbares Gefäß geben (am besten einen Steinguttopf, muss nicht luftdicht verschließen). Erdbeeren mit je einem Teil braunem Kandis, weißem Zucker und braunem Zucker leicht bedecken. Rum angießen, bis die Früchte komplett bedeckt sind.

GEWÜRZE

Lorbeerblätter | Vanilleschote | Zimtstange Wacholderbeeren | Sternanis | Nelken Kardamom

Die Gewürze dazugeben, bitte extrem sparsam einsetzen!

Die Gewürzen können natürlich nach Geschmack variieren, aber darauf achten, sie nur beim ersten Ansatz dazuzugeben, sie geben sehr viel Geschmack ab.

AUFFÜLLEN

Himbeeren | rote und schwarze Johannisbeeren | süße Kirschen | Sauerkirschen | Brombeeren | Heidelbeeren | Zwetschgen | Rum

Der Saison folgend rote Früchten einschichten (nie umrühren!): Himbeeren, Johannisbeeren, Kirschen, Brombeeren, Heidelbeeren, Zwetschgen. Keine Gewürze und keinen Zucker mehr verwenden. Jeden Ansatz mit Rum bedecken, bei jedem erneuten Aufgießen immer milderen Rum verwenden, zum Schluss nur noch Rum mit etwa 37 Vol.-%. Nach dem letzten Ansatz den Rumtopf ca. ½ Jahr stehen lassen, danach in Gläser abfüllen oder verzehren.

Der Rumtopf ist dann mehrere Jahre haltbar, am besten schmeck er nach 2 Jahren. Wenn er zu stark ist, einfach mit etwas Kirschsaft auffüllen und 1–2 Tage stehen lassen.

ERDBEERE

TIRAMISU | FICHTENSPROSSEN | SCHOKOLADE

BISKUIT

180 g Eigelb | 180 g Zucker | 200 g Eiweiß
100 g Mehl | 200 g gemahlene Haselnüsse
80 g flüssige Butter

Backofen auf 220 °C vorheizen. Eigelb und 100 g Zucker im Wasserbad cremig schlagen, dann auf Eiswasser kalt rühren.

Eiweiß mit 80 g Zucker zu Schnee schlagen, unter die Eigelb-Zucker-Masse heben. Mehl und Haselnuss vermengen, untermischen. Butter dazugeben, verrühren. Auf ein mit Backpapier ausgelegtes Backblech streichen und im Ofen 10–12 Min. backen. Kreise in der Größe der Schokoladenkuppel (siehe rechts) ausstechen.

SPROSSENSORBET

500 ml Weißwein | 500 g Zucker
50 ml Zitronensaft | ½ Zimtstange
einige Kamillenblüten | 1 cm Ingwer
Baileys zum Abschmecken
300 g frische Fichtensprossen
300 g Joghurt | Saft von 2 Zitronen

Weißwein, Zucker, Zitronensaft mit Zimt, Kamillenblüten, geschältem Ingwer und Baileys aufkochen. Fichtensprossen damit übergießen und ca. 30 Minuten ziehen lassen, bis der Fond schön aromatisiert ist, dann abpassieren. Mit Joghurt und Zitronensaft verrühren, in der Eismaschine gefrieren.

CREME

3 Eigelb | 135 g Zucker | 300 g Mascarpone
3 Eiweiß | 250 g Erdbeeren | etwas Grand Marnier | ½ Bd. Basilikum

Eigelb und 75 g Zucker im Wasserbad sehr heiß aufschlagen, danach sehr fest kalt schlagen. Mascarpone unterrühren. Eiweiß und 60 g Zucker steif schlagen, unterziehen und die Creme kalt stellen.

Erdbeeren waschen und würfeln, mit Grand Marnier beträufeln. Basilikum in Julienne schneiden, mit Erdbeeren vermengen, beiseitestellen.

SCHOKOKUPPELN

300 g weiße Kuvertüre (50 g pro Kuppel)

Mit temperierter Kuvertüre Silikon-Halbkugeln ausgießen, auf einem Gitter verkehrt herum abtropfen lassen. Wenn sie halb ausgehärtet sind, umdrehen, die Ränder glatt streichen und vollständig aushärten lassen.

ANRICHTEN

Erdbeeren in dünnen Scheiben | Erdbeerlikör und Grand Marnier zum Tränken | Basilikum
80 g Buttermilch | 80 ml Läuterzucker (siehe Seite 86, 1. Teilschritt Amalfi-Zitronen)

Kuppel mit der Öffnung nach oben auf einen Teller setzen (mit einem Tropfen Kuvertüre fixieren). Erdbeerscheiben hineingeben, 1 Biskuitscheibe daraufgeben, mit Erdbeerlikör und Grand Marnier tränken. Mascarponecreme darübergeben, Erdbeerscheiben auflegen, eine weitere Biskuitscheibe daraufgeben, erneut mit Likör und Grand Marnier tränken, mit Mascarponecreme und Erdbeerscheiben abschließen.

Sorbet ansetzen und mit Basilikum und den restlichen Erdbeeren anrichten. Buttermilch mit Läuterzucker aufmixen, den Schaum über die Erdbeeren dressieren und servieren.

ERDBEERE

SAUERAMPFEREIS | PARFAIT | KÜRBIS | FLORENTINER

SAUERAMPFEREIS

250 ml Milch | 250 g Sahne
100 g Eigelb | 100 g Zucker
10 g Glyzerin | 2 Bd. Sauerampfer

Milch und Sahne zum Kochen bringen. In der Zwischenzeit Eigelbe, Zucker und Glyzerin verrühren und mit der Sahnemilch auf 82 °C erhitzen, dann abkühlen lassen.

Sauerampfer von den Stielen zupfen, kurz in kochendem Wasser blanchieren und sofort in Eiswasser kühlen. Den Sauerampfer in die abgekühlte Eismasse einmixen und alles in der Eismaschine cremig frieren.

BAISERSTÄBE

50 g Zucker | 50 g Eiweiß
50 g Puderzucker
abgeriebene Schale von 1 Zitrone

Zucker mit 25 g Wasser aufkochen und auf 120 °C erhitzen. Eiweiß leicht schaumig schlagen, den gekochten Zucker dazugeben und alles kalt schlagen. Den gesiebten Puderzucker unterheben und mit etwas Zitronenschale abschmecken. Teig in einen Spritzbeutel mit Lochtülle (Ø 8 mm) geben und Stäbe von 8 cm Länge auf Silikonmatten setzen. Die Baiserstäbe über Nacht im Ofen bei 80 °C trocknen, dabei einen Kochlöffel in die Tür klemmen (offener Zug).

KÜRBIS- & MALTO-STREUSEL

30 g Butter | 50 g Kürbiskernöl
100 g Mehl | 1 Vanilleschote
100 g gemahlene Kürbiskerne
100 g Zucker | 50 g karamellisierte weiße Schokolade | 28 g Maltodextrin
2 g Zitronensäure

Für die Kürbisstreusel Butter klein würfeln und mit Kürbiskernöl einfrieren. Das Mehl zu der gefrorenen Masse geben und alles in einer Küchenmaschine zu Streuseln rühren. Vanille, gemahlene Kürbiskerne und Zucker dazugeben und alles zu feinen Streuseln kneten. Etwa 2 Std. kühl stellen, den Backofen 15 Min. vor Ende der Kühlzeit auf 160 °C vorheizen. Die Streusel auf ein Blech geben und im Ofen 15–20 Min. backen.

Für die Malto-Streusel die weiße Schokolade auf 45 °C erwärmen. Maltodextrin und Zitronensäure mischen und in die Schokolade einrühren, bis kleine Streusel entstehen.

KAKAOFLORENTINER

150 g Zucker | 2,5 g Pektin
125 g Butter | 50 g Glukose
45 g gehobelte Haselnüsse
45 g gehackte geschälte Mandeln
45 g Grué de Cacao | 45 g gehackte Pistazien

Zucker mit Pektin mischen. Butter und Glukose schmelzen lassen. Haselnüsse, Mandeln und Grué de Cacao im Ofen auf etwa 80 °C erwärmen, aber nicht rösten. Das Zucker-Pektin-Gemisch in die aufgelöste Butter hineinrühren und solange erhitzen, bis eine Bindung entstanden ist. Danach die erwärmten Kerne unterrühren. Die Masse etwa 2 Std. kühl stellen.

Backofen auf 160 °C vorheizen. Kleine Kugeln aus der Masse auf Silikonmatten geben und im Ofen hellbraun backen. Herausnehmen, kurz abkühlen lassen und mit einer Form Kreise (ca. 5 cm Ø) ausstechen.

ERDBEERMOUSSE

250 g Erdbeerpüree | 10 g Limettensaft
10 Blatt Gelatine | 465 g weiße Schokolade
500 g (nicht ganz fest) geschlagene Sahne

Erdbeerpüree mit Limettensaft zum Kochen bringen. Die Gelatine in kaltem Wasser einweichen. Das kochende Erdbeerpüree auf die weiße Schokolade geben und eine Emulsion daraus herstellen. Die eingeweichte Gelatine dazugeben und die Masse auf 35 °C abkühlen lassen. Die nicht geschlagene Sahne unterheben.

ERDBEERPARFAIT

500 g Joghurt (3,5 %) | 220 g Zucker
40 g Joghurtpulver | 8 g Gelatine
100 g Butter | 100 g Ei | 120 g Eiweiß
115 g geschlagene Sahne | 150 g kandierte Erdbeeren, in Würfel geschnitten (Biffar)
300 g weiße Schokolade | 200 g Kakaobutter

Joghurt zum Kochen bringen, bis sich das Eiweiß von der Molke trennt, durch ein Passiertuch geben. Abtropfen lassen und 200 g Molke abmessen. Die Molke mit 100 g Zucker und Joghurtpulver zum Kochen bringen. Gelatine einweichen. Butter mit einem Stabmixer in den Molkesud rühren, Gelatine dazugeben und alles abkühlen lassen. Eier mit Eiweiß und 120 g Zucker im heißen Wasserbad auf 60 °C erhitzen, dann kalt zu Schaum schlagen. Abwechselnd Schlagsahne und Eischaum unter die Molkemasse rühren. Zum Schluss die kandierten Erdbeeren unterheben. Die Parfaitmasse in halbrunde Silikonformen (Ø ca. 5 cm) gießen und einfrieren.Zum Servieren die Parfaits mit weißer Schokolade besprühen, dazu die Schokolade mit der Kakaobutter auf 40 °C erhitzen.

ANRICHTEN

Erdbeeren | Marzipan | Zitronenbasilikum

Die Streusel auf den Tellern verteilen. Parfait in die Mitte setzen und einen Florentiner darauflegen. Baiserstäbe mithilfe eines Tupfers Marzipan darauf fixieren und eine Nocke Sauerampfereis daraufsetzen. Mit Erdbeermousse, geviertelten Erdbeeren und nach Belieben mit Zitronenbasilikum oder Kresse garnieren.

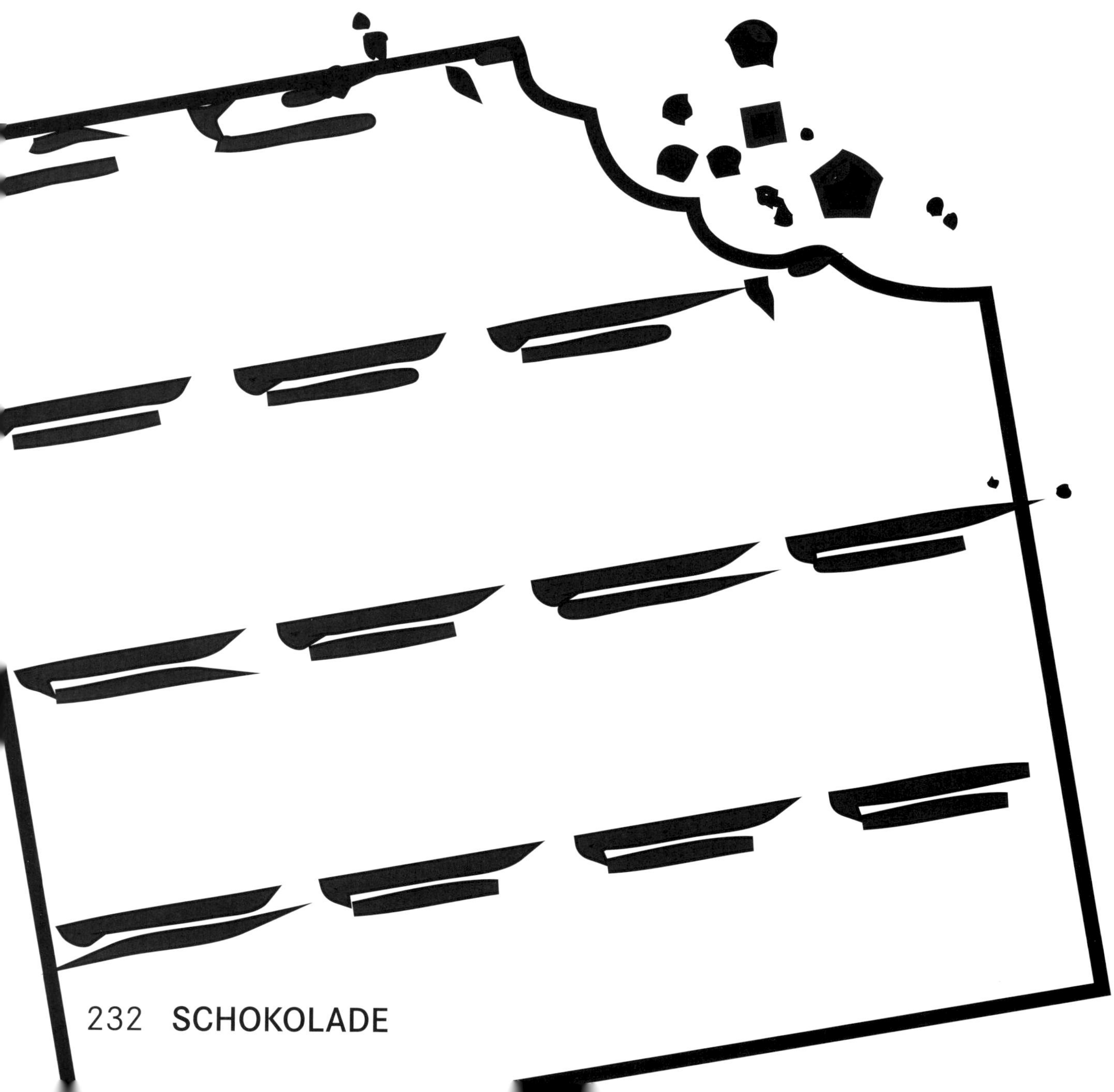

SCHO KO LADE

THEOBROMA CACAO

Es gibt wohl kaum ein anderes Genussmittel, das so oft vernascht wird wie Schokolade. Die kleinen dunklen Stückchen sind in aller Munde, Schokolade schmeckt einprägsam. Und das in der Regel schon seit Kindertagen, wenn der erste Schokoladengeschmack das süße Laster entstehen lässt. Schokolade kann die verschiedensten Formen annehmen, von der klassischen Tafel oder Praline über Torten und Kuchen, Schokogetränken bis hin zum Eis. Aber der ungebrochene Erfolg hat noch einen anderen Grund. Schokolade befriedigt zutiefst menschliche Bedürfnisse, Schokolade und alles, was daraus entsteht, macht glücklich. Denn die darin enthaltenen Stoffe wirken positiv gegen Stress, stärkend und gleichzeitig stimulierend. Schokolade ist also sinnliche Verführung und Nervennahrung zugleich. Beides magische Eigenschaften, die den Verwandlungskünstler Schokolade unsterblich gemacht haben.

SCHOKOLADE

MOUSSE AU CHOCOLATE | MANDELSAUCE

RHONA

MOUSSE AU CHOCOLATE

250 g Schokolade (Kakaoanteil 70%)
40 g Eigelb | 55 g Zucker | 2 cl Rum
2 cl Grand Marnier | 2 cl Amaretto
2 Blatt Gelatine | 125 g Eiweiß | 150 g Sahne

Die Schokolade im Wasserbad schmelzen. Eigelb und 30 g Zucker zunächst im Wasserbad cremig aufschlagen, dann kalt rühren. Die etwas abgekühlte Schokolade unterrühren. Rum, Grand Marnier und Amaretto erhitzen, die eingeweichte Gelatine darin auflösen und unter die Eigelbmasse rühren.

Eiweiß mit 25 g Zucker zu Schnee schlagen, unter die Schoko-Ei-Masse ziehen. Sahne steif schlagen, unterheben und 2 Std. kalt stellen

MANDELSAUCE

100 g gehackte Mandeln | 80 g Zucker
250 ml Milch | 250 g Sahne | Mark von
1 Vanilleschote | 150 g Eigelb

Backofen auf 160 °C vorheizen, Mandeln darin einige Minuten goldbraun rösten. Zucker karamellisieren, mit Milch und Sahne ablöschen, Vanillemark dazugeben, aufkochen lassen, mit Eigelb zur Rose abziehen. Dazu die Einmischung im Wasserbad solange unter Aufschlagen erhitzen, bis sie kurz vor dem Siedepunkt steht. Wenn auf der Rückseite eines Kochlöffels beim Daraufpusten Kringel entstehen, die wie eine Rose aussehen, ist die Konsistenz perfekt.

Die noch heißen Mandeln in die Sauce rühren, 30 Min. ziehen lassen.

ANRICHTEN

Aus der Mousse mit zwei Löffeln Nocken formen, auf Teller geben und mit der Mandelsauce servieren.

SCHOKOLADE

RAVIOLI | MANDARINENSORBET

HELLERTEIG

250 g Mehl | 100 g Ei | 1 EL Wasser
1 Prise Salz | 20 g Puderzucker | Milch zum Bestreichen

DUNKLERTEIG

210 g Mehl | 100 g Ei | 40 g Kakao
1 EL Wasser | 1 Prise Salz | 30 g Puderzucker

Zutaten für den hellen und den dunklen Teig jeweils zu einem homogenen Teig verarbeiten. Luftdicht in Frischhaltefolie einschlagen, 1 Std. kalt stellen.

Beide Teige in der Nudelmaschine auf Stufe 1 ausrollen. Teige halbieren, jeweils die Hälfte mit dem Schneideaufsatz zu Tagliatelle verarbeiten.

Eine weiße Nudelbahn mit Milch bestreichen, abwechselnd braune und weiße Nudeln nebeneinander darauflegen. Leicht mit Mehl bestäuben und auf kleinster Stufe dünn ausrollen. Die restlichen Nudelstreifen verkneten und zu einer dünnen, einfarbigen Nudelbahn ausrollen.

RAVIOLI HERSTELLEN

100 g Zucker | 120 g Milch | 40 g Sahne
40 g Grand Marnier | 20 g Stärke | 180 g Eigelb 60 g Eiweiß | 70 g Ricotta | 75 g dunkle Kuvertüre | 1 Eigelb zum Bestreichen
Schokoladenstückchen

Zucker, Milch, Sahne, Grand Marnier in einen Topf geben. Stärke mit einem Drittel der Flüssigkeit anrühren, die restliche Flüssigkeit aufkochen und mit der Stärke abbinden.

Eigelb, Eiweiß, Ricotta und geschmolzene Kuvertüre verrühren, unter die Creme ziehen, in einen Spritzbeutel füllen und 2 Std kalt stellen.

Die einfarbige Bahn mit Eigelb bestreichen und mit einem Ausstecher gewünschter Größe Kreise anzeichnen. Mittig wenig Schokomasse aufspritzen, ein paar Schokoladenstücke hineindrücken und erneut etwas Schokomasse aufspritzen. Die gestreifte Bahn darüberlegen und die Stellen ohne Füllung mit den Fingern andrücken. Ravioli ausstechen. Ränder fest andrücken, in leicht siedendem Wasser 6 Min. garen.

GLASAGE

250 ml Weißwein | Mark von 1 Vanilleschote
30 g Zucker | 30 g Stärke | 50 g Butter
Saft von 1 Zitrone

Weißwein, Vanillemark und Zucker erhitzen und auf 150 ml reduzieren. Mit Stärke abbinden, mit Butter aufmixen und mit Zitronensaft abschmecken.

MANDARINENFILETS

6 Mandarinen | 3 Estragonzweige
20 g Stärke | 1 Prise Anis | Zucker, Zitronensaft

Vier Mandarinen filetieren, aus den Schalen den restlichen Saft auspressen. Die restliche Mandarinen ebenfalls auspressen. Saft, Estragonzweige und Anis aufkochen, mit Stärke abbinden, Mandarinenfilets vorsichtig dazugeben mit etwas Zucker und Zitrone abschmecken.

MANDARINENSORBET

400 ml Mandarinensaft | 100 g Zucker
½ Bd. Estragon | 1 Prise Anis | 1 Zimtstange
200 ml Sekt | 40 ml Zitronensaft

Mandarinensaft und Zucker aufkochen, Estragonzweige, Anis und Zimt dazugeben, vom Herd nehmen und ½ Std. ziehen lassen. Estragon und Zimt entfernen, Sekt angießen, mit Zitronensaft abschmecken und in der Eismaschine zu einem Sorbet verarbeiten.

ANRICHTEN

Die Mandarinenfilets in die Mitte des Tellers legen, Sorbet daraufgeben. Ravioli durch die Glasage ziehen und an die Filets legen. Nach Belieben etwas Vanillesauce (Glasage) dazu reichen.

SCHOKOLADE

MARQUISE | AHORNSIRUP | BERBERITZEN

SCHOKOMARQUISE

70 g Eigelb | 90 g Zucker | 150 g Butter
60 g Kakao | 60 g Kuvertüre (70% Kakaoanteil)
250 g Sahne

Eigelb und Zucker zunächst im Wasserbad cremig aufschlagen, dann kalt rühren. Butter im Wasserbad schmelzen, Kakao unterrühren, unter die Eimasse ziehen. Kuvertüre im Wasserbad schmelzen und unterziehen. Sahne schlagen, ebenfalls unterziehen. Die Masse kalt stellen.

AHORNLIMETTENPARFAIT

80 g Eigelb | 205 g Ahornsirup
Saft und abgeriebene Schale von 4 Limetten
60 g Eiweiß | 500 g Sahne

Eigelb, 125 g Ahornsirup und Limettenschale zunächst über dem Wasserbad cremig aufschlagen, dann kalt rühren. Eiweiß und restlichen Ahornsirup zu Schnee schlagen, unter die Eigelbmasse heben.

Sahne schlagen, unterheben, mit Limettensaft abschmecken. In dreieckige Terrinenformen (9 cm Seitenlänge) füllen und 4 Std. im Eisfach tiefkühlen.

PARFAITMANTEL

200 g Marzipanrohmasse | 30 g Kakao
abgeriebene Schale von 2 Limetten
50 ml Grand Marnier | 100 g Puderzucker

Alle Zutaten miteinander verkneten, zwischen Frischhaltefolien ausrollen, das Parfait damit einschlagen und im Eisfach tiefkühlen.

BERBERITZENMOUSSE

300 g Berberitzenmark | 90 g Zucker
60 ml Zitronensaft | 3 Blatt Gelatine | 2 Eiweiß
120 g Sahne

Mark, 70 g Zucker und 50 ml Zitronensaft aufkochen. Gelatine in Wasser einweichen, tropfnass zum Mark geben und darin auflösen. Auf Eiswasser unter Rühren leicht angelieren lassen.

Eiweiß und 20 g Zucker zu Schnee schlagen, unter Berberitzenmasse heben. Sahne schlagen, ebenfalls unterheben. Ggf. mit Zucker und Zitrone abschmecken. Kalt stellen.

BEBERITZENSAUCE

100 g Berberitzenmark | 30 ml Weißwein
10 ml Zitronensaft | 20 g Zucker | 1 Vanilleschote | 5 g Stärke oder 3 g Xanthan
60 g getrocknete Berberitzen

Mark mit Weißwein, Zitronensaft, Zucker und Vanilleschote aufkochen, mit Stärke leicht abbinden und Berberitzen einstreuen.

SCHOKOCANNELLONI

6 Schokofolien (9 x 7,5 cm) | geschmolzene weiße und dunkle Kuvertüre

Auf die Schokofolien etwas weiße Kuvertüre geben, mit einem Zackenspachtel glatt ziehen, dass Streifen entstehen, leicht erstarren lassen. Etwas dunkle Kuvertüre darüberstreichen und mit der Folie nach außen zu 9 cm langen Cannelloni biegen, vollständig erstarren lassen, dann die Folie entfernen.

SCHOKORINGE

6 Schokofolien (15 x 2 cm) | geschmolzene weiße und dunkle Kuvertüre

Auf die Schokofolien etwas weiße Kuvertüre geben, mit einem Zackenspachtel glatt ziehen, dass Streifen entstehen, leicht erstarren lassen. Etwas dunkle Kuvertüre darüberstreichen und mit der Folie nach außen zu Ringen formen, vollständig erstarren lassen, dann die Folie entfernen.

SCHOKOPLATTEN

6 Schokofolien (9 x 5 cm) | geschmolzene dunkle Kuvertüre

Auf die Schokofolien etwas Kuvertüre dünn aufstreichen, fest werden lassen und mit einem Blech beschweren, vor dem Servieren die Folie entfernen.

ANRICHTEN

Limettenzesten

Parfait in 3 cm dicke Scheiben schneiden und auf die Schokoplatte geben, den Ring auf den Teller geben, mit Berberitzenmousse füllen. Die Platte mit dem Parfait aufsetzen.

Marquise in einen Cannellono füllen und vor das Parfait geben, mit Berberitzensauce und Zesten ausdekorieren.

VANILLE

TAHITI VANILLE

Die kleinen schwarzen Schoten, die aus einer tropischen Orchideenart gewonnen werden, gehören zu den aromatischsten und teuersten Gewürzen. Aus der süßen Küche ist Vanille nicht mehr wegzudenken, aber auch mit weißem Fleisch oder Hummer und Lachs harmoniert die geschmackliche Milde der Vanille. In Europa wird vor allem die auf Madagaskar, Le Réunion, Mauritius und den Komoren angebaute sogenannte Bourbon-Vanille angeboten, die über ein intensives und harmonisches Aroma verfügt. Vanille aus Mexiko schmeckt dagegen deutlich süßer und Vanille aus Tahiti und von den Westindischen Inseln hat einen markanten blütenartigen Duft. Für die Verwendung der Vanille wird die Schote der Länge nach aufgeschnitten und das Vanillemark herausgekratzt, in dem ein Großteil der Aromen sitzt. Daneben kann für eine Vanillesauce die Schote in Milch oder Sahne aufgekocht werden, um die darin enthaltenen Aromastoffe freizusetzen. Wichtig ist bei allen Vanillesorten, dass die Schoten nicht austrocknen und bis zum Verbrauch in einem verschlossenen Glasröhrchen gelagert werden.

VANILLE

SCHNEEEIER | VANILLESAUCE | HEIDELBEEREN

SCHNEEEIER

500 ml Milch | ½ Vanilleschote | 135 g Zucker
3 Eiweiß | 1 Prise Salz

Milch, Vanilleschote und 75 g Zucker aufkochen, vom Herd nehmen. Eiweiß aufschlagen, 60 g Zucker einrieseln lassen, Salz dazugeben und zu festem Schnee schlagen. Mit zwei Löffeln Nocken formen und in der Milch bei 80 °C ca. 5 Min. mit geschlossenem Deckel pochieren. Schneeeier herausnehmen, Vanillemilch zu Sauce weiterverarbeiten (siehe rechts Vanillesauce).

VANILLESAUCE

Vanillemilch der Schneeeier | 6 Eigelb

Schote entfernen, Vanillemilch aufkochen und mit dem Eigelb zur Rose abziehen. Dazu die Eimischung im Wasserbad solange unter Aufschlagen erhitzen, bis sie kurz vor dem Siedepunkt steht. Wenn auf der Rückseite eines Kochlöffels beim Daraufpusten Kringel entstehen, die wie eine Rose aussehen, ist die Konsistenz perfekt.

HEIDELBEERRAGOUT

100 g Zucker | 100 ml Portwein
250 ml Rotwein | 1 Vanilleschote
1 Zimtstange | 1 Sternanis | 1 Lorbeerblatt
30 g Stärke | 400 g Heidelbeeren

Zucker karamellisieren, mit den Weinen ablöschen, Gewürze hinzufügen, auf die Hälfte reduzieren lassen. Leicht mit Stärke abbinden. Heidelbeeren dazugeben und kurz aufkochen lassen.

ANRICHTEN

Minze

Heidelbeerragout ohne Gewürze auf die Teller geben, Schneeeier darauflegen und mit Vanillesauce übergießen. Nach Belieben mit frischer Minze servieren.

sonntag

VANILLE

BIENENSTICH | RUMFRÜCHTE | EIS | HEISSE SCHOKOLADE

BIENENSTICH

42 g frische Hefe (1 Würfel) | 125 g Zucker
250 ml Milch | 250 g Mehl | 1 Prise Salz
75 g weiche Butter | 2 Eier | Mark von
1 Vanilleschote | 80 g Butter | 125 g Sahne
180 g Mandelstifte

Hefe und 1 TL Zucker in 100 ml lauwarmer Milch auflösen. Mehl, 70 g Zucker und Salz vermengen, mit der weichen Butter, Eiern, Hefemilch, der restlichen Milch und Vanillemark zu einem geschmeidigen Teig kneten. Etwa 40 Minuten gehen lassen, dann dünn ausrollen.

Backofen auf 180 °C vorheizen. Butter schmelzen, restlichen Zucker und Sahne dazugeben, alles aufkochen. Mandelstifte dazugeben, auf den Hefeteig gießen und den Kuchen im Ofen ca. 20 Min. goldbraun backen.

VANILLECREME

250 ml Milch | 250 g Sahne | 75 g Zucker
Mark von 1 Vanilleschote | 40 g Stärke
60 g Eigelb

Milch und Sahne vermischen, zwei Drittel der Flüssigkeit mit Zucker und Vanillemark in einen Topf geben und zum Kochen bringen. Mit der restlichen Flüssigkeit die Stärke kalt anrühren, unter die kochende Mischung rühren, etwa 2 Min. unter Rühren kochen. Vom Herd nehmen und Eigelb unterrühren.

Ein kleines Blech faltenfrei mit Frischhaltefolie auslegen (dazu mit etwas Wasser befeuchten). Vanillecreme etwa 1 cm hoch aufstreichen, mit Folie abdecken und kalt stellen.

RUMFRUCHTGELEE

125 g Rumtopf (siehe Seite 222)
3 Blatt Gelatine

Rumtopf pürieren, aufkochen und passieren. Gelatine in Wasser einweichen, tropfnass zum Rumtopf geben und unter Rühren auflösen. Ein kleines Blech faltenfrei mit Frischhaltefolie auslegen (dazu mit etwas Wasser befeuchten), Rumtopf daraufgießen, kalt stellen.

RUMFRUCHTSAUCE

150 g Rumtopf (siehe Seite 222) | 10 g Stärke

Rumtopf pürieren, aufkochen und leicht mit Stärke abbinden.

VANILLEEIS

250 ml Milch | 250 g Sahne
Mark von 1 Vanilleschote | 85 g Zucker
6 Eigelb | Cognac zum Abschmecken

Milch, Sahne, Vanillemark und Zucker aufkochen, mit dem Eigelb zur Rose abziehen. (siehe Seite 250). Mit etwas Cognac abschmecken und in der Eismaschine gefrieren.

HEISSE SCHOKOLADE

300 ml Milch | 90 g dunkle Schokolade
1 TL Quatre-épices | 1 kleine Prise langer Pfeffer

Milch aufkochen, Schokolade hineingeben und unter Rühren auflösen, mit Gewürzen abschmecken.

ANRICHTEN

Rumtopffrüchte zum Anrichten

Bienenstich, Vanillecreme und Rumfruchtgelee in gleich große Quadrate schneiden. Den Bienenstich längs halbieren, auf den unteren Teil die Vanillecreme geben, darauf das Rumfruchtgelee geben. Mit einem kleinen Ausstecher ein Loch in der Mitte durch alle Schichten ausstechen, mit Rumfruchtsauce füllen. Den oberen Teil des Bienenstichs aufsetzen. Eis abkugeln und oben auf den Bienenstich setzen. Die Rumfrüchte anrichten. Die heiße Schokolade dazu trinken.

VANILLE

ALOE VERA | ANANAS | GRANATAPFEL

ALOE-VERA-SÜPPCHEN

100 g Zucker | 3 Blatt Gelatine
500 ml l Aloe-Vera-Saft | abgeriebene Schale von 1 Zitrone | Mark von 2 Vanilleschoten

Zucker mit 100 ml Wasser aufkochen, Gelatine einweichen, darin auflösen. Aloe-Vera-Saft, Zitronenschale und Vanillemark dazugeben, nach Geschmack nachsüßen, flach in eine Schüssel füllen und 5 Stunden kalt stellen.

ANANASCARPACCIO

2 Baby-Ananas | weißer Balsamico und Batida de Coco zum Marinieren

Ananas schälen, dünn aufschneiden, mit etwas weißem Balsamico und Batida de Coco marinieren.

ANANASRAGOUT

150 ml Ananassaft | 50 g brauner Zucker
Mark von 1 Vanilleschote | 1 Prise Anis
10 g Stärke | ½ Ananas | Saft von 1 Zitrone

Ananassaft, Zucker, Vanillemark und Anis aufkochen, leicht mit Stärke abbinden. Ananas in Würfel schneiden, zum Fond geben, aufkochen und mit Zitronensaft abschmecken.

GRANATAPFELSORBET

350 ml Läuterzucker (siehe Seite 86, 1. Teilschritt Amalfi-Zitronen) | 50 ml Zitronensaft
50 ml Sekt | 300 ml | Mineralwasser | 1 sehr reifer Granatapfel

Läuterzucker, Zitronensaft, Sekt und Wasser verrühren. Granatapfelkerne auslösen, einige Kerne zum Anrichten beiseitelegen, den Rest zur Sorbetmasse geben. Alles im Mixer oder mit dem Stabmixer zu einer feinen Masse verarbeiten, passieren, in der Eismaschine gefrieren.

ANRICHTEN

150 ml Sekt | Saft von 2 Zitronen
Granatapfelkerne | Minze | Schokolade

Ananascarpaccio auf gefrostete Teller legen, das Ragout daraufsetzen. Süppchen mit Sekt und Zitronensaft glatt rühren, angießen. Das Sorbet in die Mitte geben, mit Granatapfelkernen und Minze garnieren. Optional mit Schokolade verzieren.

QUARK

TOPFEN

Ein Milchprodukt, das jeder kennt, das fast alle lieben und das die Basis für viele leckere Rezepte liefert. Quark, Weißkäse, Topfen, Bibeleskäs oder Schotten ist ein Frischkäse, der aus entrahmter Milch durch Zugabe von Milchsäurebakterien oder Lab fermentiert, bis die Milch gerinnt und sich die festen von den flüssigen Bestandteilen trennen. Die flüssige Molke wird anschließend durch ein Tuch oder Sieb von dem sogenannten Käsebruch entfernt, der je nach dem gewünschten Fettgehalt mit Sahne verfeinert wird. Der fertige Quark enthält viel Eiweiß und Calcium, kann sowohl süß als einfaches Dessert oder salzig und mit frischen Kräutern als Brotaufstrich verfeinert werden oder zum Backen verwendet werden. Handelsüblich sind in Deutschland Quarksorten mit 10, 20 und 40 Prozent Fett in der Trockenmasse.

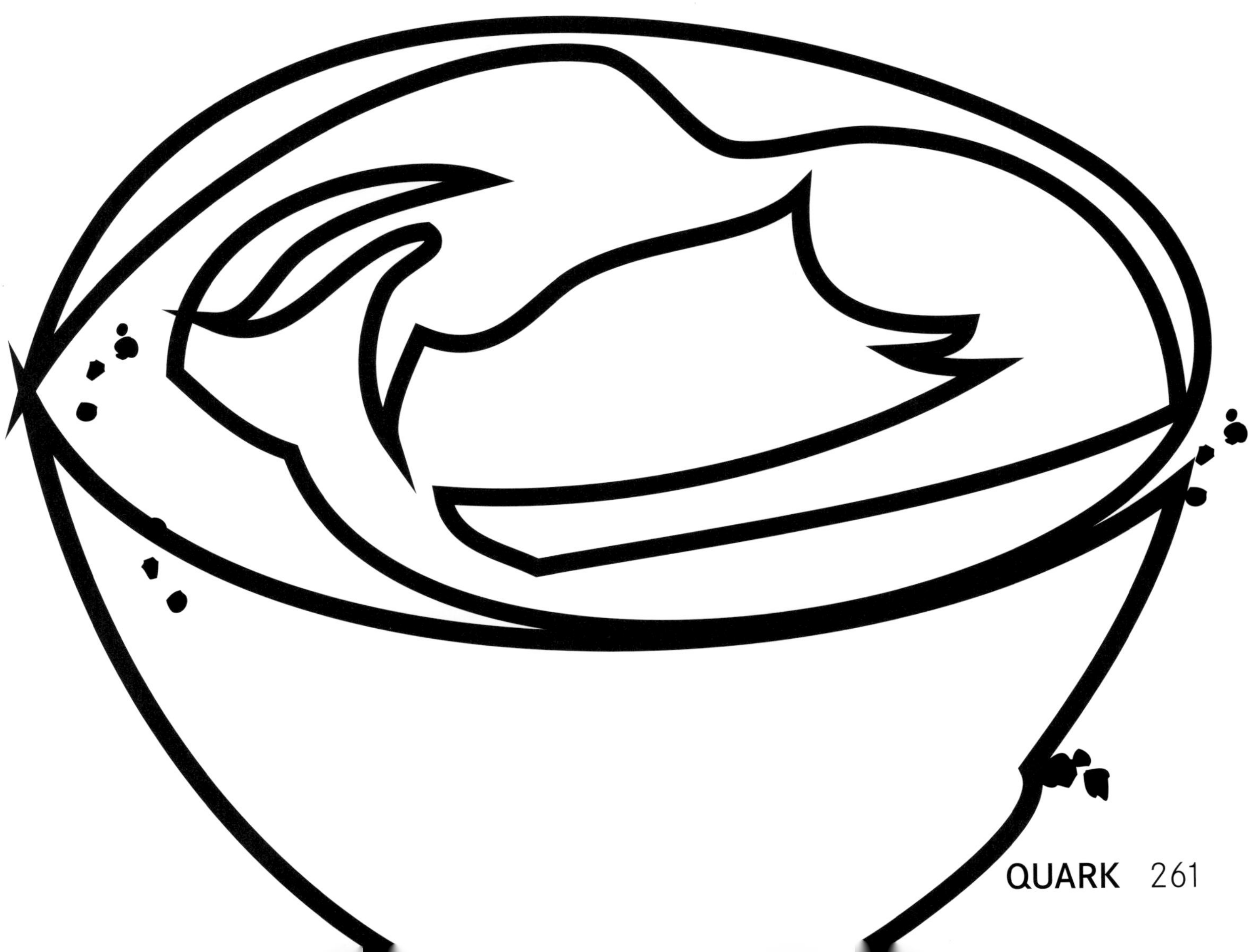

QUARK

QUARKSOUFFLÉ | PFIRSICH | KARAMELLEIS

PFIRSICHCHUTNEY

4 Weinbergpfirsiche | 40 g Zucker
400 ml Weißwein | 1 Prise Anis
Mark von 1 Vanilleschote | 20 g Stärke
Zitronensaft, Zucker

Pfirsiche schälen, würfeln, Zucker karamellisieren, mit Weißwein ablöschen, Anis und Vanillemark dazugeben und auf 150 ml einreduzieren. Mit Stärke leicht abbinden, mit Zucker und Zitrone abschmecken.

KARAMELLEIS

125 g Zucker | 250 ml Milch | 250 g Sahne
125 g Eigelb | Baileys zum Abschmecken

Zucker karamellisieren, mit Milch und Sahne ablöschen, aufkochen und mit dem Eigelb zur Rose abziehen. Mit Baileys abschmecken und in der Eismaschine gefrieren lassen.

QUARKSOUFFLÉ

6 Eier | 400 g Quark | 20 g Stärke
150 g Zucker zzgl. etwas für die Förmchen
abgerieben Schale von 2 Zitronen | Mark von
1 Vanilleschote | 1 EL weiche Butter

Backofen auf 200 °C vorheizen. Eier trennen, Eigelb mit Quark, Stärke, 50 g Zucker, Zitronenschale und Vanillemark verrühren.

Eiweiß und restlichen Zucker nicht zu fest zu Schnee schlagen, unter die Quarkmasse heben. Masse in gebutterte und gezuckerte Förmchen geben. Ein tiefes Blech mit Küchenpapier auslegen, Soufflés daraufstellen, etwas Wasser ins Blech gießen. Im Ofen 20 Min. backen, sofort servieren.

ANRICHTEN

Minze

Chutney und Eis auf den Tellern anrichten, das Soufflé direkt aus dem Ofen am Tisch auf die Teller stürzen. Mit Minze garnieren.

QUARK

APRIKOSE | LAVENDELLKARAMELL | VERBENE-EIS | MANDELMOUSSE

APRIKOSENSPHÄREN

300 g Aprikosenmark | 45 g Zucker
60 g Quark | 20 g Mehl | 15 g Vegi Galantine
1 g Guarzoon

100 g Aprikosenmark mit 15 g Zucker erwärmen, bis sich dieser aufgelöst hat, etwas zum Anrichten beiseitestellen. Mit Quark und Mehl binden, in Silikonmatten mit kleinen Halbkugeln (Ø ca. 3 cm) füllen und einfrieren.

30 g Zucker mit Galantine und Guarzoon mischen. Restliches Aprikosenmark aufkochen, Zucker-Galantine-Gemisch dazugeben und nochmals aufkochen.

Gefrorene Aprikosenmarkhalbkugeln mithilfe eines Holzspießes durch die mindestens 80 °C heiße Aprikosen-Galantine-Masse ziehen, sofort auf Wachspapier absetzen.

APRIKOSENCANNELLONI

300 g Aprikosen | 200 g Quark (40 % F.i.Tr)
30 g Aprikosenpüree | 25 g Puderzucker
abgeriebene Schale von 1 Zitrone

Aprikosen mit der Aufschnittmaschine in dünne Scheiben schneiden und überlappend auslegen. Topfen, Aprikosenpüree, Puderzucker und Zitrone zu einer glatten Masse vermengen. Topfencreme mit Spritzbeutel auf Aprikosenfächer spritzen und diesen einrollen.

LAVENDELKARAMELL

100 g Fondant | 100 g Glucose
30 g frische Lavendelblüten

Fondant und Glukose kochen, bis die Masse bernsteinfarben ist. Karamell auf ein mit Trennpapier ausgelegtes Blech gießen, erkalten lassen. Karamell und Lavendelblüten im Blitzhacker zu Puder mixen. Mithilfe einer Schablone in kleinen Rechtecken auf ein Blech sieben. Unter dem Grill erhitzen, bis die Rechtecke einen Glanz bekommen. Lavendelkaramell luftdicht aufbewahren.

QUARKBISKUIT

50 g Sahne | 250 g Quark | Mark von ½ Vanilleschote | abgeriebene Schale von 1 Zitrone
80 g Eigelb 70 g Zucker | 70 g Eiweiß | 1 Prise Salz | 130 g Mehl | 30 g Stärke

Backofen auf 190 °C vorheizen. Sahne mit Quark und Gewürzen verrühren. Eigelb mit 35 g Zucker cremig aufschlagen. Eiweiß mit 35 g Zucker und Salz steif schlagen. Mehl und Stärke mischen und sieben. Eigelbcreme unter die Sahne-Quark-Masse rühren, Mehl-Stärke-Gemisch dazugeben. Eiweiß unterheben. Biskuit in einen 2 cm hohen Rahmen füllen und im Ofen 10–12 Min. backen.

VERBENE-EIS

250 ml Milch | 250 g Sahne
100 g Zucker | 10 g Glycerin
100 g Eigelb | 1 Bd. Verbene (Eisenkraut)
abgeriebene Schale von 1 Zitrone
100 g Fondant | 100 g Glukose
getrocknete Lavendelblüten

Milch und Sahne aufkochen. Zucker, Glycerin und Eigelb verrühren und mit dem Milch-Sahne-Gemisch auf 82 °C erhitzen. Masse abkühlen lassen. Vervene und Zitronenschale in die Masse einmixen und alles passieren. In der Eismaschine cremig frieren.

MOUSSE & STREUSEL

6 g Gelatine | 300 g Vollmilchschokolade
250 ml Milch | 140 g Mandelpaste
500 g geschlagene Sahne | 100 g Butter
100 g Mehl | 100 g Zucker
100 g Mandelgrieß (gemahlene geschälte Mandeln) | abgeriebene Schale von 1 Zitrone

Für die Mousse die Gelatine in kaltem Wasser einweichen, die Schokolade schmelzen lassen. Milch aufkochen und die gequollene Gelatine darin auflösen. Heiße Milch nach und nach zur geschmolzenen Schokolade rühren und eine glatte, elastische Masse herstellen. Mandelpaste dazugeben, Sahne (nicht kälter als 35 °C) unterheben. Mousse kühl stellen.

Für die Mandelstreusel die Butter klein würfeln und einfrieren. Gefrorene Butter mit gesiebtem Mehl zu kleinen Streuseln kneten. Zucker, Mandelgrieß und Zitronenschale dazugeben und alles zu Streuseln vermengen. Streusel auf Backmatten geben und etwa 2 Std. kalt stellen. Dann im vorgeheizten Ofen bei 160 °C etwa 25 Min. backen.

ARGANÖLBISKUIT

40 g Arganöl | 40 g gemahlene, geröstete geschälte Mandeln | 80 g Zucker
3 Eier (150 g) | 20 g Mehl | Salz

Arganöl mit Mandeln zu einer glatten Masse mixen. Restliche Zutaten dazugeben und alles in einer Küchenmaschine etwa 2 Min. aufschlagen. Teigmasse in einen Siphon füllen und mit vier Kapseln aufschäumen. Arganöl-Biskuit in Plastikbecher füllen und in der Mikrowelle etwa 45 Sekunden bei 900–1000 Watt garen. Becher aus der Mikrowelle nehmen und mit der Öffnung nach unten lagern, damit der Biskuit saftig bleibt.

ANRICHTEN

Aprikosenmark-Zucker-Mischung

Sphären vorsichtig auf Tellern platzieren. Quarkbiskuit mit Mandelmousse bestreichen, Arganölbiskuit aufsetzen, mit Lavendelkaramell abschließen. Das Eis auf der Biskuitschnitte platzieren. Cannelloni, Mousse und Streusel drumherum arrangieren. Mit etwas Aprikosenmark-Zucker-Mischung garnieren.

QUARK

SCHNITTE | ZWETSCHGEN | MACADAMIA

QUARKSCHNITTE

250 g Quark | 250 g Zucker | 25 g Stärke
40 g Öl | 250 g Buttermilch | 1 Ei
Saft und abgeriebene Schale von 1 Zitrone
Mark von 1 Vanilleschote | Salz

Backofen auf 180 °C vorheizen. Alle Zutaten miteinander glatt rühren, 2 cm hoch auf einem mit Backpapier ausgelegten Backblech verstreichen, im Ofen ca. 30 Min. backen, bis die Masse gestockt ist.

ZWETSCHGENRAGOUT

500 g Zwetschgen | 40 g Zucker
250 ml roter Portwein | 250 ml Rotwein
Mark von 1 Vanilleschote | 1 Zimtstange
1 Sternanis | 1 Nelke | etwas Stärke, Zucker

Zwetschgen waschen, entsteinen und achteln. Zucker karamellisieren, mit den Weinen ablöschen. Gewürze dazugeben, auf die Hälfte reduzieren, leicht mit Stärke abbinden. Zwetschgen dazugeben, kurz aufkochen, mit Zucker nach Belieben abschmecken, kalt stellen.

FILOCANNELLONI

6 Filoteigblätter (8 x 10 cm) | 30 g flüssige Butter | Zucker | 10 g Macadamianüsse

Backofen auf 200 °C vorheizen. Die Teigblätter mit Butter bestreichen, jeweils auf ein Kupferrohr rollen, sodass 8 cm lange Cannelloni entstehen. Im Ofen goldbraun backen.

Cannelloni vom Rohr ziehen, mit Zucker bestreuen, mit einem Brenner karamellisieren und mit gehackten Macadamianüssen bestreuen.

SCHOKOSPIRALEN

200 g weiße Kuvertüre
1 Schokofolie (5 x 40 cm)

Kuvertüre temperieren, auf die Schokofolien geben, mit einem Zackenspachtel aufstreichen, sodass Streifen entstehen, dann die Folie spiralförmig ineinander drehen. Aushärten lassen, die Folie abziehen, die einzelnen Spiralen vorsichtig auseinander drehen.

MACADAMIAEIS

180 g Zucker | 80 g gehackte Macadamianüsse
250 ml Milch | 250 g Sahne | 150 g Eigelb
100 g geröstete, gehackte Macadamianüsse

Zucker karamellisieren und Macadamianüsse dazugeben, mit Milch und Sahne ablöschen und mit Eigelb zur Rose abziehen. In der Eismaschine gefrieren, kurz vor Ende die gerösteten Nüsse dazugeben.

ANRICHTEN

Minze | Schokoladenplättchen

Rechteckige Schnitten (8 x 6 cm) ausstechen oder -schneiden, mit einem kleineren, rechteckigen Ausstecher die Mitte ausstechen und mit Zwetschgenragout füllen.

Cannelloni mit dem Eis füllen und auf die Schnitten setzen. Das ausgestochene Rechteck in kleine Stücke zerteilen und mit dem Zwetschgenragout, einigen Zwetschgenstücken, den Schokospiralen und Minze ausgarnieren.

FOND

RINDERFOND

5 kg Rinderknochen | 1 kg Rinderbrust
1 kg Zwiebeln | 1 kg Karotten
1 kg Staudenselleriestange | 1 Lauchstange
2 Knoblauchzehen | 10 Wacholderbeeren
5 Lorbeerblätter | 20 Pfefferkörner
2 Liebstöckelstängel

Wasser zum Kochen bringen und die Rinderknochen darin 30 Sek. blanchieren. Gemüse putzen, ggf. schälen, dann grob zerkleinern. Knochen und Brust in einen großen Topf geben, mit Wasser bedecken und aufkochen lassen. Den Schaum immer wieder von der Oberfläche abnehmen.

Gewürze zugeben und bei schwacher Hitze ca. 2 Std. ziehen lassen. Brühe erneut aufkochen, Gemüse zugeben, weitere 20 Min. ziehen lassen, dann durch ein feines Tuch passieren.

KALBSFOND

2 Kalbsfüße | 5 kg Kalbsknochen (Rippenstücke, mit etwas Fleisch daran)
100 ml geklärte Butter | 2 kg Zwiebeln
1½ kg Karotten | 500 g Staudensellerie
500 g Petersilienwurzel | 500 g Knollensellerie
100 g Tomatenmark | 2 l trockener Spätburgunder | 4 l Fleischbrühe oder Wasser
10 Wacholderbeeren | 25 Pfefferkörner
6 Lorbeerblätter | 1 Bd. glatte Petersilie
3 Rosmarinzweige | 250 g kalte Butter
Salz, weißer Pfeffer

Den Backofen auf 170 °C vorheizen. Die Füße grob zerkleinern, mit den Knochen und der geklärten Butter in einen Bräter geben. Im Ofen goldbraun anrösten. Gemüse putzen, ggf. schälen und in grobe Würfel schneiden. Zu den Knochen geben, ebenfalls anrösten. Tomatenmark zugeben, anrösten. Mit dem Wein und der Brühe ablöschen, alles sollte gut bedeckt sein. Aufkochen lassen und den Schaum von oben abschöpfen. Gewürze zugeben, die Temperatur auf 80 °C reduzieren und ca. 4 Stunden ziehen lassen. Durch ein feines Tuch geben und über Nacht kalt stellen. Das kalte Fett von oben abnehmen, Fond bis zur gewünschten Geschmackskonzentration einkochen lassen. Petersilie und Rosmarin zugeben, ca. 3 Minuten ziehen lassen, dann passieren und mit der kalten Butter aufmixen, evtl. mit Salz und Pfeffer abschmecken.

GEFLÜGELFOND

3 Suppenhühner (à ca. 1½ kg)
5 g Wacholderbeeren | 15 g weißer Pfeffer
30 g Knoblauch | 3 Lorbeerblätter
1 Staudenselleriestange mit Grün
500 g Zwiebeln | 300 g Karotten | Meersalz

Suppenhühner gut waschen, vom Fleisch befreien, dieses beiseitelegen und kühl stellen. Knochen kurz in kochendem Wasser blanchieren. Dann mit kaltem Wasser bedecken und langsam aufkochen, Fett von oben abnehmen. Wacholder, Pfeffer, geschälten Knoblauch und Lorbeer dazugeben, alles etwa 2 Std. ziehen lassen. Gemüse putzen, grob zerkleinern; ebenfalls dazugeben und alles noch etwa 30 Min. ziehen lassen.

Den Fond durch ein feines Tuch gießen und über Nacht kalt stellen. Am nächsten Tag Fett von oben abnehmen. Das Hühnerfleisch durch den Fleischwolf drehen oder fein hacken und unter den kalten Fond rühren. Langsam aufkochen, nochmals durch ein Tuch geben und mit Meersalz abschmecken.

LAMMFOND

5 kg Lammknochen | 2 kg Lammabschnitte
2 kg Zwiebeln | 1 rote Paprika
500 g Karotten | 1 Fenchelknolle
1 kg Staudensellerie | 200 ml geklärte Butter
2 kg reife Fleischtomaten | 4 l trockener Roséwein | 5 g Wacholderbeeren | 15 g Fenchelsamen | 15 g weiße Pfefferkörner
frischer Thymian | 50 g Knoblauch
100 g kalte Butter, in Stücken | Meersalz

Wasser zum Kochen bringen und die Lammknochen und -abschnitte darin 30 Sekunden blanchieren. Gemüse grob zerkleinern und mit den Knochen und Abschnitten in der geklärten Butter goldbraun anbraten.

Tomaten vierteln und ebenfalls dazugeben. Mit Roséwein ablöschen und mit Wasser bedecken. Alle Gewürze und den geschälten Knoblauch dazugeben, aufkochen, Hitze reduzieren und 6 Std. köcheln lassen. Durch ein feines Tuch geben und über Nacht kalt stellen.

Wiederum Fett oben abnehmen und den Fond bis zum gewünschten Geschmack reduzieren. Portionsweise mit Butter und gehackten Thymianblättern aufmixen, mit Salz abschmecken.

WILDFOND

5 kg Rehknochen | 2 kg Rehabschnitte
4 l fruchtiger trockener Rotwein
2 kg Zwiebeln | 1 kg Karotten
500 g Knollensellerie | 500 g Petersilienwurzel
250 g Butter | 50 g Tomatenmark
20 g Wacholderbeeren | 10 g langer Pfeffer
100 g Preiselbeerkonfitüre | Meersalz

Rehknochen zerkleinern und mit Rehabschnitten und Rotwein 2 Tage marinieren.
Zwiebeln, Karotten, Sellerie und Petersilienwurzel schälen und zerkleinern. Rotwein abgießen und beiseitestellen. Knochen und Abschnitte in der Butter goldbraun anbraten (am besten im Ofen bei 200 °C etwa 40 Min. rösten lassen).

Gemüse dazugeben, ebenfalls anrösten. Tomatenmark einrühren; kurz anrösten und mit dem Rotwein vom Marinieren ablöschen. Mit Wasser bedecken und bei schwacher Hitze aufkochen lassen. Den Schaum und das Fett immer wieder von der Oberfläche abnehmen.

Nach etwa 60 Min. Gewürze und Konfitüre dazugeben. Nochmals 60 Min. kochen lassen. Durch ein feines Tuch passieren und über Nacht kalt stellen. Das kalte Fett von oben abnehmen und den Fond bis zur gewünschten Konsistenz und Geschmack reduzieren, ggf. mit Meersalz abschmecken.

FISCHFOND

5 kg Gräten und Reste von Seezunge und Steinbutt | 2 Fenchelknollen | 3 Zwiebeln
3 Zitronengrasstängel | 4 l trockener Riesling
100 g Eiweiß | 2 Lorbeerblätter
12 g Fenchelsamen | 25 g weißer Pfeffer
5 Limettenblätter | Meersalz | ggf. Sahne
Zitronensaft

Gräten von Köpfen, Haut und Innereien befreien und entsorgen. Rest im kalten Wasser etwa 60 Min. wässern.

Fenchelknollen und Zwiebeln schälen und grob zerkleinern, Zitronengras in etwa 1 cm lange Stücke schneiden. Riesling und 2 l Wasser in einen Topf geben und mit dem Eiweiß kräftig vermengen.

Alle Zutaten in den Topf geben und langsam aufkochen. Kräftig aufwallen lassen, dann herunterschalten und 20 Min. ziehen lassen. Durch ein Tuch geben und evtl. mit Meersalz abschmecken.

Für eine Fischgrundsauce den Fond mit Sahne verfeinern und mit Zitronensaft, Salz und Pfeffer abschmecken.

Fissler

REGISTER

A

Aal 78, 82, 86, 90
- Aal kochen 80
- Aal panieren 81
- Aaltörtchen 86

Ahornlimettenparfait 244
Ahornsirup 73, 76, 100, 101, 133, 142, 244
Aloe-Vera-Süppchen 258
Amalfi-Zitronen 86
Amaretto 236
Ananas 259
- Ananascarpaccio 259
- Ananasragout 259
- Ananassaft 44, 115, 259

Apfel 58, 59, 124, 133, 138, 202
- Apfelchutney 133
- Apfelsaft 44, 97, 202
- Apfelscheiben 133, 202

Aprikosen 268
- Aprikosencannelloni 268
- Aprikosensphären 268

Arganölbiskuit 269
Artischocken 166, 175
Aubergine 170
Austern 69, 132
- Austern öffnen 132
- Austernjus 133
- Austernvinaigrette 132
- Austernwasser 133

B

Bachkrebse 114
Baiser 105, 230
Baiserstäbe 228
Basilikum 63, 170, 175, 180, 227
BBQ-Sauce „SN“ 44
Beeren 223
- Berberitzen 244
- Berberitzenmousse 244

Berberitzensauce 244
Bienenstich 254
Birne 152, 160, 188
- Birne in Specksabayon 188
- Birnenwürfel 160

Biskuit 105, 226, 268, 269
Blätterteig 59, 128
Blattspinat 31, 114
Blutwurst 59, 90, 125, 143
- Blutwurstarte 59
- Blutwurstpesto 59

Bœuf à la mode 192
Bohnen 129, 212, 217
Bohnen 212
Bohnen & Erbsen 217
Bohnenkraut 124, 147, 202, 212
Bratkartoffeln 40
Bresse-Huhn 110
Bries 208
Brioche 97
Brombeeren 223
Bronzefenchel 175
Brot 87, 97, 143, 147, 174, 180, 184
Brühe klären 118
Bulgur 198
Buttermilch 272

C

Calvados 124
Champignons 82
Chili 31, 44, 132, 171, 213
Chilischaum 171
Cognac 96, 104, 114, 128, 142, 152, 194, 255
Coq au vin 110
Creme 104, 156, 217, 226, 254
Crème fraîche 49, 104, 128, 161, 185, 212
Crème-fraîche-Gelee 104
Crêpe 143
Crépinette 124

D

Daikon 63
Datteln 105
Dicke Bohnen 129

E

Eclair 100
Ehrliche Kartoffel 45
Ei 22, 27, 31, 35, 87, 97, 125, 181, 185, 231, 250, 265
Eingelegter Speck 194
Eingelegtes Fleisch 194
Eingelegtes Gemüse 111
Einmachgurken 146
Ente 124, 134, 136, 138, 139, 142, 146
  Ente à l'orange136
  Entenbraten138
  Entenconfit 146
  Enteninnereien 139
  Entenkeule 124, 142, 146
Entrecôte 194, 195
Erbsen 189, 217
Erdbeeren 218, 222, 226, 230
  Erdbeeren, kandiert 231
  Erdbeermousse 229
  Erdbeerparfait 229
  Erdbeerpüree 231
Essiggurke 41, 44, 181
Estragon 55, 180, 241

F

Fenchel
  Fenchelbratwurst 124
  Fenchelgemüse 73
  Fenchelknolle 73, 275
  Fenchelpollen 72
  Fenchelsamen 45, 63, 87, 124, 129, 167, 170, 174, 275
Fichtensprossensorbet 227
Filocannelloni 273
Filoteigblätter 142, 273
Fischfond 54, 63, 82, 87, 90, 275
Fischgräten 275
Fischgrundsauce 59, 72, 275
Fleischpflanzerl 125
Florentiner Raviolo 31
Fonds 274
Forelle 50, 54, 58, 63
  Forelle auf Meersalz 63
  Forelle Blau 54
  Forelle mit Meerrettich 58
Frankfurter Grüne Sauce 185
Frankfurter Kräuter 185
Froschschenkel 212, 213
  Froschschenkelragout 2012
  Froschsauce 212
  Froschtörtchen 212

G

Galette 142
Gamberetti 185
Gänsestopfleber 92, 96, 100, 101, 104, 142
  Gänselebermousse 101
  Gänsestopfleberrondelle 105
  Gänsestopfleberterrine 96
Gänseschmalz 142, 146
Gartengemüse 55
Gebackener Kalbskopf 180

Geflügel 106
Geflügelbrühe 118
Geflügelfond 27, 34, 82, 111, 118, 128, 139, 142, 146, 156, 171, 175, 209, 274
Geflügelhals 119
Geflügelleber 119
Geflügelmagen 119
Geflügelstrudel 119
Gefüllte Poweraden 175
Gefüllter Saumagen 208
Gemüse 55, 72, 87, 111, 119, 129, 138, 153, 166, 170, 194, 195, 209
Gemüseeinlage 119
Gemüselasagne 170
Geräucherte Tomaten 41
Geschmortes Huhn 1110
Gewürzgurken 132, 146
Gewürzmischung Wald 142, 152, 156, 160
Gewürzmischung Wiese 45, 49, 111, 128, 138, 146, 167, 170, 174, 184, 189, 194, 202, 208
Glasage 240
Granatapfelsorbet 259
Grand Marnier 139, 226, 227, 237, 240, 244
Gremolata 171
Grieß 30, 91, 110, 139
Grué de Cacao 77, 101, 105, 143, 231
Grüne Bohnen 212, 217
Gurke 41, 86

H

Hartweizengrieß 31, 111, 139
Haselnüsse 156, 157, 226, 231
Haselnussöl 156
Haselnusssauce 157
Hausschwein 120, s. a. Schwein
Heidelbeeren 223, 251
Heidelbeerragout 251
Heiße Schokolade 255
Heu 49
Himbeeren 156, 223
Himbeeressig 90, 156
Holunderblütensirup 157
Honig 105, 115, 152, 160, 171, 203
Honig-Joghurt-Sauce 105
Honigessig 27, 160, 171
Huhn 110, 118, 274
Hummer 68, 87
Hummerbutter 68
Hummerrührei 87

I

Ingwer 76, 115, 132, 133, 160, 227
Ingwervinaigrette 115
Innereien 201
Innereienwippe 143
Instantkaffeepulver 104
Instantmokkapulver 104

J

Joghurt 105, 227, 231
Johannisbeeren 223
Jungschweinenacken 132

K

Kaffee 104
Kaisergranat 34, 35
Kakao 77, 231, 240, 244, s. a. Grué de Cacao
Kakaobutter 231
Kakaoflorentiner 229
Kalb 176
Kalb in Ton 188
Kalbsbries 208
Kalbsfilet 188
Kalbsfond 82, 133, 152, 180, 208
Kalbsherz 216
Kalbsherz in Ponzu 216
Kalbskopf 180
Kalbskopfterrine 180
Kalbskutteln 213
Kalbsniere 208
Kalbsrücken 184
Kalbsrückenbraten 184
Kamille 55, 227
Kandierte Chili 132
Kandis 222
Kapern 55, 170, 171, 181
Karamell 265
Karamelleis 265
Kardamom 147, 223
Karotten 55, 76, 115, 118, 127, 129, 146, 195, 209
Karottenrolle 76
Karottenschaumsalat 115
Kartoffeln 36, 40, 41, 44, 49, 55, 58, 91, 139, 166, 175, 181, 188, 195, 203, 209, 217
Kartoffelpüree 41
Kartoffelrisotto 49
Kartoffelsalat 41
Kartoffelschnee 203
Kartoffel-Speck-Püree 209
Kerbel 55, 68, 180
Ketjab Manis 76, 119, 198
Kichererbsenpanis 175
Kiefer-Haselnus-Öl 156
Kiefernadeln 156
Kirschen 223
Knochen 34, 139, 152, 166, 167, 184, 275
Kombu-Algen 133, 216
Kräuterbrösel 180
Krebse 114, 129
Krebse kochen 129
Krustentierschalen 128
Krustentierschaum 128
Kürbiskerne 230
Kürbisstreusel 228
Kutteln 213
Kuttellasagne 213
Kuvertüre 227, 240, 244, 245, 273

L

Lakritz 72
Lakritzoliven 72
Lamm 162
Lammfond 275
Lammfond Mireille 167
Lammkarree 166
Lammkarree Mireille 166
Lammrücken 174
Lammschwanz 174
Lammtafelspitz 170
Lammtörtchen 174
Lardo 188, 194, 195
Läuterzucker 87, 101, 227, 259
Lavendelblüten 105, 268, 269
Lavendelkaramell 268
Leipziger Allerlei 129
Liebstöckel 41, 125, 180
Limette 91, 133, 199, 231, 244, 275
Limettenblätter 132, 171, 275
Luma-Rind in Heu 49

M

Macadamiaeis 273
Macadamianüsse 101, 273
Madeira 96, 101
Maltodextrin 230
Maltostreuse 228
Mandarinenfilets 241
Mandarinensorbet 241
Mandelblütenschaum 31
Mandeln 231, 234, 236, 254, 269
Mandelsauce 234
Maracujasaft 115
Mariniertes Gemüse 166
Maronen 143
Maulbeeren 161
Meerrettich 58, 59, 91, 143, 147
Meerrettichsorbet 59
Met 160, 161
Milchkalbsbäckchen 76
Mirin 62, 77, 216
Mirinsabayon 77
Misovinaigrette 62
Mokkabaiser 104
Morcheln & Blätterteig 128
Mouse au chocolate 234
Mousse & Streusel 269

N

Nadelbohnen 217
Niere 208
Nierenzapfen 202
Noilly Prat 59, 86, 87
Nudeln 30, 111, 231, 240
Nudelteig 30
Nussbutter 184
Nussbutterchips 184

O

Obstbrand 161
Oliven 72, 170, 174
Orangen 138, 139, 142
Orangensaft 44, 76, 100, 105, 115, 138, 139, 142, 174
Orangensauce 139

P

Papilottes 167
Paprika 44, 132, 146, 166, 170, 171, 174, 275
Parfait 231, 244
Parfaitmantel 244
Parmaschinken 34, 188
Parmesan 170, 171, 175
Perlhuhn 212
Perlzwiebeln 146, 195, 202
Pernod 68, 72, 73, 87
Pesto 171
Petersilie 26, 55, 83, 181
Petersilie frittieren 81

Petersilienpüree 26
Petersilienwurzel 55, 111, 118, 119, 275
Pfefferschaum 203
Pfefferminze 217
Pfirsichchutney 264
Pinienkerne 31, 59, 143, 171
Pökelsalz 96, 124, 180
Popcornmais 143
Portwein 96, 102, 104, 111, 139,
143, 152, 160, 251, 272
Portweingelee 104
Poweraden 175
Preiselbeeren 138, 143, 152, 156, 160, 275
Preiselbeerbirnen 152
Preiselbeersabayon 160
Pumpernickelsauce 87

Q

Quark 157, 175, 260, 265, 268, 272
Quarkbiskuit 268
Quarkschnitte 272
Quarksoufflé 265

R

Rahmsauerkraut 58
Räucheraal 86, 90
Räucheraalgelee 90

Räucherforelle 59
Räuchermehl 44
Rauchöl 100
Reh 148
Rehabschnitte 275
Rehnüsschen 160
Rehrücken 152, 156
Rehrücken Baden-Baden 152
Reisessig 62, 198
Rib-Eye-Steak 45
Ricotta 240
Rind 190
Rinderfilet 49, 198
Rinderfond 49, 199, 194
Rindfleisch 194
Rote-Bete-Püree 91
Rotkohl 138, 156, 161
Rotweinnudeln 111
Rum 222, 223, 236
Rumfruchtgelee 254
Rumfruchtsauce 254
Rumtopf 222
Rumtopffrüchte 254

S

Sahne 58, 87, 101, 152, 230, 237, 244, 254, 269, 273
Salziger Biskuit 105
Sardellen 181
Sauce Béchamel 69
Sauce Ravigote 55
Sauce Remoulade 181
Sauce Rouenaise 142
Sauerampfereis 228
Sauerkirschen 223
Sauerkrautrösti 58
Sauerteigbrot 147, 184
Saumagen 208
Sauternes-Gelee 97
Schafskäsekruste 174
Schneebällchen 139
Schneeeier 250
Schnittlauch 27, 55, 181
Schokocannelloni 245
Schokokuppeln 227
Schokolade 138, 161, 227, 231, 232, 236, 240, 244, 245, 255, 269, 273
Schokomarquise 244
Schokoplatte 245
Schokoravioli 240
Schokoringe 245
Schokospiralen 273
Schwarzer Knoblauch 73
Schwarzfederhuhn 118
Schwein 120
Schweinebauch 125, 128, 209
Schweineblut 125, 142
Schweinehaxen 125
Schweinenacken 124, 125, 132
Schweinenetz 124, 126
Schweinerücken 124
Sekt 188, 241, 259
Sellerie 157, 161
Selleriecannellono 161
Selleriewürfel 157
Semola 30, 111, 139
Senf 27, 41, 45, 125, 147, 181, 208
Senfsauce 208
Sesam 118, 128, 217
Sesamcreme 217
Sesamkartoffelchip 217
Sherry 128, 143
Sojamostbulgur 199
Sojasauce 44, 73, 76, 133, 198, 199, 216, 217
Spargel 129, 209
Spätzle 153
Speck 34, 40, 41, 44, 58, 96, 143, 161, 188, 194, 209
Speckschaum 34
Specktrauben 143
Spiegelei Walterspiel 27
Spinat 31, 144
Spinatraviolo 31
Steinbutt 64, 68, 72, 77, 275
Steinbutt Feullantine 68
Steinbutt mit Fenchelpollen 72
Strohrum 222
Stubenkükenterrine 114
Suppenhuhn 274

Süßkartoffeln 49
Sweeet-Chili-Sauce 199

T
Tiramisu 227
Tomaten 44, 124, 128, 167, 170, 174, 213, 275
Tomaten, getrocknete 44, 124, 170, 174
Ton 188
Topinambur 34
Trauben 143, 147
Traubensaft 147
Trüffel 31, 49, 68, 82, 100
Trüffelkartoffeln 189
Trüffelsahne 100

V
Vanille 223, 246, 250, 251, 254, 255, 258, 264, 265
 Vanillecreme 254
 Vanilleeis 255
 Vanillesauce 251
Velouté 80
Verbene-Eis 269
Verjus 147
Villeroysauce 80
Vinaigrette 27
Violetter Senf 147

W
Wacholdersauce 152
Wachtelei 185
Walnüsse 59, 132, 161, 175
Wan-Tan-Blätter 119
Weinbergpfirsiche 264
Weißwurst 27
Wildente 142
 Wildentenbrust 142
 Wildenteninnereien 143
 Wildentenkeule 142
Wildfond 157, 275
Wildknochen 152
Wirsingbällchen 161
Wurstbrühe 132
Wurzelgemüse 87, 194

Y
Yuzu-Kartofelnocken 91
Yuzusaft 77, 91

Z
Zander 86
Ziegencreme 157
Ziegenquark 157, 175
Zigarrenholz 100
Zucchini 166, 170, 174
Zuckerschoten 189, 199, 217
 Zuckerschotenpüree 189
 Zuckerschotensalat 199
Zwetschgen 223, 272
Zwetschgenragout 272
Zwiebelpüree 80

IM PRES SUM

Die Gerichte sind für 6 Personen ausgelegt.

REZEPTE
Stefan Neugebauer, Deidesheim

TEXTE
Ingo Swoboda, Eltville

FOTOGRAFIE
Björn Kray Iversen, Albersweiler

LEKTORAT
Ilka Grunenberg, Neustadt an der Weinstraße
Kathrin Gritschneder, Deggendorf

HERSTELLUNG
Janine Becker, Neustadt an der Weinstraße

GESTALTUNG, & SATZ
Tina Defaux, Neustadt an der Weinstraße

REPRODUKTION
Blaschke Vision, Freigericht

DRUCK & VERARBEITUNG
Nino Druck GmbH, Neustadt an der Weinstraße

Printed in Germany

ISBN: 978-3-86528-709-0

Besuchen Sie uns im Internet
www.umschau-buchverlag.de

Alexander Pietsch und Michael Wegschneider – wir denken an euch.
Danke an alle Mitwirkenden für ihre Geduld und ihr Engagement.